LA BAGUETTE ET LA FOURCHETTE

DU MÊME AUTEUR

Images courantes (飞窗集), recueil de poèmes chinois, Pacifica, 2012.

Yu Zhou

La baguette et la fourchette

Les tribulations d'un gastronome chinois en France

Fayard

Couverture : Cheeri ; image de couverture et illustrations intérieures : Anne-Sophie Gousset

Calligraphies de Jin Aihua (金爱华)

ISBN : 978-2-213-66593-1

PRÉFACE

Dans un entretien avec une journaliste à la Maison de la poésie en janvier 2012, François Cheng, académicien français d'origine chinoise arrivé en France à l'âge de dix-neuf ans et aujourd'hui âgé de quatre-vingt-trois ans, a souligné que « la France [lui] a permis de *renaître de [s]a vie* ». Cette phrase a suscité l'enthousiasme du public dont je faisais partie. En l'écoutant, il m'a semblé revoir le moment où je suis arrivé de Chine à la gare de Nantes avec trois bagages et les regards curieux de quelques badauds, il y a maintenant plus de dix ans.

À cette époque, je ne pensais pas vivre assez longtemps en France pour refaire ma vie, et donc encore moins *renaître de ma vie*. Pendant les premières années de mon séjour, je plaisantais souvent en disant à mes amis que, dans le cas d'un raid aérien, je pourrais mettre toutes mes affaires dans ces trois bagages en moins de trois minutes et courir dans un abri. Ce raid n'a évidemment jamais eu lieu, et je ne suis pas reparti.

Aujourd'hui, dans l'obscurité de la nuit, en me remémorant mes dix ans passés en France et en pensant à la formule de François Cheng, j'ai l'impression de revoir mes deux vies comme dans un film, une vie actuelle en France et une vie antérieure en Chine. Elles se sont séparées depuis mon départ de Chine en 1999, mais toutes les deux coexistent. Ma vie antérieure poursuit son chemin avec mon autre moi, inchangé dans sa logique propre, en Chine. Contrairement à ce qu'écrit Proust qui considère chaque séparation comme « une vraie mort de nous-même, une mort suivie, il est vrai, de résurrection ». Dans cette vie antérieure imaginaire, je me suis marié et j'ai eu un enfant. J'ai probablement oublié le français appris à l'université pendant cinq ans et exercé un métier dans une entreprise occidentale ou dans l'import-export, comme beaucoup de mes amis. De ce point de vue, la France m'a donc permis, non pas de *renaître de ma vie*, mais de me « réincarner » en quelque sorte dans une autre vie, plus dense et plus originale. Grâce à la France, j'ai pu rencontrer des personnes formidables et découvrir des choses merveilleuses, que je n'aurais probablement jamais connues dans ma vie antérieure, par exemple la gastronomie, qui est devenue l'une de mes passions.

La gastronomie chinoise a une longue histoire, d'au moins trois mille ans. Le professeur Zhang Qijun a qualifié la culture chinoise de culture de la table et l'occidentale de culture de la chair. (La France et quelques autres pays, possédant sans doute ces deux cultures en même temps, sont des exceptions.) Si la culture de la chair en Chine est devenue un tabou depuis longtemps, la gastronomie a été aussi, pendant presque vingt ans au siècle dernier, synonyme de « bourgeoisie et décadence », et donc peu accessible au peuple, comme dans le roman *Vie et passion d'un gastronome chinois* de Lu Wenfu.

À cette époque, « certains excités avaient même instauré le "repas révolutionnaire" où l'on devait se forcer à ingurgiter des nourritures à la limite du consommable, en souvenir des "atrocités de l'ancien régime"[1] ».

C'est donc en France que j'ai pu avoir une idée précise de ce qu'était la haute gastronomie. C'est aussi en France que j'ai pu redécouvrir l'art culinaire chinois, notamment à travers la littérature.

---

1. Christian Millau, *Dictionnaire amoureux de la gastronomie*, Plon, 2008.

« Si la Chine m'a donné un esprit, c'est la France qui m'a ouvert les yeux sur le monde et sur mon propre pays », ai-je écrit une nuit à Hendaye. Ce petit recueil est donc en quelque sorte le témoignage de cinq années de passion pour mes deux pays ou mes deux vies.

Mais la vie nous réserve des surprises, comme celle que j'ai eue en octobre 2009, où je suis resté dans un centre de rétention administrative, à Hendaye, pendant près d'un mois. J'ai pu y rencontrer des personnes d'horizons très divers et c'est là que j'ai pris conscience que le monde est vaste et la vie fort courte. J'ai commencé à écrire pour laisser une trace de mon passage en France, car j'ai failli être renvoyé vers ma vie antérieure... Cela ne s'est pas passé ainsi et j'ai sans doute eu de la chance. Cette chance ne venait pas du ciel mais de beaucoup de personnes qui m'ont aidé et soutenu pendant cette période difficile. J'aurais voulu remercier ici chacune d'entre elles, mais l'entreprise serait trop difficile et la liste des gens aussi longue que le livre lui-même. Pour beaucoup, je ne connais d'ailleurs même pas leur nom. Ce dont je me souviens, c'est juste un petit sourire, un mot d'encouragement. Je leur exprime ici à tous ma très sincère reconnaissance.

Dans son *Dictionnaire amoureux de l'histoire de France*[1], Max Gallo commence par la phrase suivante : «La France n'existe que par l'amour qu'on lui porte.» Je sais qu'il serait prétentieux de prononcer cette belle phrase à titre personnel, mais je voudrais tout de même dire que ce petit livre est l'expression de mon amour pour ce beau et grand pays.

29 janvier 2012

---

1. Max Gallo, *Dictionnaire amoureux de l'histoire de France*, Plon, 2011.

Un vieux livre de recettes chinois

Il y a quelques mois, en cherchant une recette de cuisine, je suis tombé sur un vieux livre de recettes chinois polycopié de ma mère : une petite brochure d'une centaine de pages datant des années 1970, dont les feuilles avaient jauni à force d'utilisation.

Sur une de ces pages, j'ai trouvé cette recette de bœuf à la sauce de soja :

Ingrédients : 3 livres de bœuf, quelques morceaux de gingembre, quelques brins de ciboulette, un peu de sucre et d'alcool de riz et un petit peu de glutamate…

Pour un lecteur français, sans doute est-il inimaginable de trouver des termes comme « un peu » ou « un petit peu » dans un livre de cuisine. « Un peu », est-ce 1 gramme, 1,5 gramme ou bien 2 grammes ? Pour les Chinois, cela n'a rien de choquant. « Un peu », ce peut être 1 gramme, 1,5 gramme ou bien 2 grammes. Jusqu'à la fin des années 1980, les grands restaurants de Shanghai qui produisaient les fameux gâteaux de lune – une fois par an à l'occasion de la fête de la Lune – n'avaient jamais possédé de recettes écrites, et encore moins de listes précises des ingrédients avec leurs quantités. Tout avait toujours été dans la tête du grand chef, et se transmettait de génération en génération par voie orale.

Cette façon de rester dans le flou relève d'une habitude que les Chinois ont héritée de leurs parents et de leurs grands-parents : cela fait partie de leur façon de penser, de leur philosophie. Le destin humain est incertain, le monde est en perpétuel mouvement. Le dosage des ingrédients dépend non seulement du type de denrées qu'on utilise (par exemple, dans le cas des haricots rouges utilisés dans les gâteaux de lune, il en existe plusieurs sortes, qui varient elles-mêmes à chaque récolte), mais aussi du goût de chacun. Les Chinois du Nord aiment les goûts relevés et salés, tandis que ceux du Sud préfèrent en général les goûts doux et légers. Les livres de cuisine ne servent donc qu'à donner une indication générale. C'est au lecteur de se forger sa propre opinion et de trouver la voie qui lui convient. C'est précisément là que réside l'art culinaire. D'ailleurs, selon un proverbe chinois, « le livre est figé, mais l'homme est vivant ».

Cette façon de penser, typiquement chinoise, est plus proche de celle d'un paysan ou d'un artiste que de celle d'un ouvrier ou d'un scientifique. Durant des siècles, les élites chinoises ont nourri une sorte de désintérêt – voire de mépris – à l'égard des métiers qui exigeaient des règles rigoureuses, comme par exemple l'architecture. Seules la poésie et la calligraphie étaient considérées comme des arts absolus. On peut sans doute trouver l'origine de cette philosophie dans *Le Livre de la voie et de la vertu* du grand philosophe Lao-tseu (qui vécut au ve siècle av. J.-C.). L'ouvrage débute par ces mots : « La voie qui peut être exprimée par la parole n'est pas la Voie éternelle ; le nom qui peut être nommé n'est pas le Nom éternel. » La règle ultime, c'est qu'il n'y a pas de règles. Comme l'explique Zhao Bi, un musicien connu sous le règne Zhenyuan (785-805), à propos de sa technique : « Quand je joue de mon instrument, mes yeux sont comme mes oreilles et mes oreilles sont comme mon nez. À ce moment-là, je ne sais plus si l'instrument est moi, ou si je suis l'instrument. » Cela peut être vrai dans les domaines artistiques, mais cela devient catastrophique dans les domaines où la rigueur est la règle, comme

老子

Lao-tseu

l'industrie, en particulier aujourd'hui où la Chine est devenue l'usine du monde.

Je me souviens d'un stage que j'ai effectué dans une usine franco-chinoise de Shanghai, où les techniciens français passaient des heures à rédiger des règles internes précises, que les ouvriers chinois appliquaient un peu à leur guise. C'était il y a quinze ans. Certes, la Chine évolue chaque jour à une vitesse incroyable. Mais quinze ans, par rapport à une tradition millénaire, c'est peu. Il faut donc donner aux Chinois « un peu » ou « un petit peu » plus de temps.

Sandwich français et ravioli chinois

J'ai toujours aimé les sandwiches français sans jamais m'être demandé pourquoi, jusqu'au jour où, cet été, j'ai eu l'occasion de manger des ravioles chez Michel Trama et Michel Guérard, deux restaurants trois étoiles dans le sud-ouest de la France. Étrange, non ?

Quand on croque un bon sandwich français, on a d'abord une succession de sensations liées aux différentes textures : le pain croustillant, la mie moelleuse, les crudités juteuses (en général, tomate et salade), le jambon tendre et enfin le fromage onctueux. En même temps, c'est aussi une succession de différents parfums excitant nos papilles : ceux du blé légèrement brûlé, des crudités, du fromage et de la viande. Sous l'effet de la mastication, toutes ces textures et tous ces parfums se mélangent et créent ainsi une sorte de kaléidoscope pour la bouche et le nez. Au moment même où on le croque, le sandwich est suffisamment consistant pour offrir une résistance au palais et à la langue, d'où résulte le plaisir d'avaler, inexistant quand on gobe les minuscules plats proposés dans certains restaurants gastronomiques.

Le mécanisme de la saveur du sandwich est le même que celui du ravioli, extrêmement populaire en Chine. Les Chinois attribuent son invention à Zhang Zhongjing (IIe-IIIe siècle), considéré comme le précurseur de la médecine chinoise. Selon la légende, sous la dynastie des Han, Zhang Zhongjing voulut venir en aide aux paysans qui tombaient malades à cause des conditions de travail difficiles dans les champs du nord du pays, au solstice d'hiver. Il prépara à leur intention des boulettes de pâte fourrées avec de la viande. Le ravioli chinois, ressemblant au lingot d'or chinois (une ancienne monnaie en forme de petite barque), d'une taille de trois quartiers de mandarine, est fait pour être pris tout entier dans la bouche. Quand les dents coupent le ravioli, outre la succession et le mélange de sensations de textures et de saveurs comme on le trouve dans le sandwich, on a de plus une explosion de goûts et de parfums, un jaillissement de jus, tout cela propulsé par la chaleur et l'air enfermés à l'intérieur du ravioli (contrairement au sandwich). Une caméra à haute vitesse et à infrarouges le montrerait.

Mais j'ignorais tout cela quand j'ai vu sur la carte de l'élégant restaurant de Michel Guérard cette raviole. Le nom exact du plat était « Oreiller moelleux de mousserons et de morilles aux pointes d'asperges, une symphonie soyeuse, imaginée en 1978, retour d'un voyage en Chine ». J'étais juste curieux de savoir comment un grand chef français interprétait un plat chinois, d'autant plus que le maître d'hôtel m'a expliqué que ce plat avait été créé après le premier voyage du chef en Chine avec d'autres grands noms de la gastronomie française comme Paul Bocuse et Alain Senderens, au moment où la Chine communiste commençait à s'ouvrir sur l'extérieur, une époque où la *world food* était encore méconnue. Vingt minutes plus tard, le plat m'était présenté. C'était presque une œuvre d'art, si on le compare aux raviolis que j'ai pu manger en Chine !

Au milieu d'un bouillon exquis se trouvait une raviole grande comme une huître ouverte. J'ai aussi découvert plus tard ce même type de raviole chez Michel Trama à l'Aubergade (Puymirol) et à l'Hostellerie de Plaisance à Saint-Émilion. Vu la taille de la raviole, on ne saurait la mettre entièrement dans la bouche comme son petit frère chinois. Le plaisir de mâcher est remplacé par le mouvement mécanique du couteau et de la fourchette ; l'explosion de saveurs et de parfums n'existe plus ; sa chaleur intérieure est aussi perdue pendant le trajet de l'assiette à la bouche, quand bien même il ne durerait que quelques secondes. C'est peut-être juste une question de taille, mais elle a tout changé. *Small is not only beautiful, but essential here.* « La forme est la même, mais l'esprit n'y est pas », comme le dit un proverbe chinois.

Cette petite déception a vite été oubliée, grâce au pain du restaurant, le meilleur que j'aie jamais mangé en France.

Le tofu et le fromage

Un Français m'a expliqué pourquoi il n'aimait pas le tofu dans la cuisine chinoise : selon lui, sa texture ressemblerait à celle du flan, servi comme dessert. Il ferait donc dans son cerveau un lien automatique entre cette texture et le goût sucré, formé depuis l'enfance dans son inconscient. Or le tofu est souvent cuisiné dans les restaurants chinois avec une sauce très salée et relevée, visant à compenser sa fadeur. Il y avait ainsi une sorte d'incompatibilité entre la texture du tofu et son goût. Chaque fois qu'il en mangeait, une petite voix dans sa tête l'empêchait de l'aimer, même s'il savait que le tofu était très nutritif, et il reconnaissait lui-même que c'était un préjugé. Un de ceux qui, acquis pendant notre enfance, nous accompagnent tout au long de notre vie…

Cela fait maintenant plus de dix ans que je vis en France. S'il existait dans ma tête des automatismes liés à la cuisine chinoise, ils devraient désormais être effacés, d'autant que j'ai accompli des efforts pour m'ouvrir à de multiples expériences gustatives. Une amie française m'a même qualifié de « masochiste » quand elle a vu que je me forçais à manger certains aliments, comme le durian[1], qui ne me plaisaient pas au début. Mais le passé récent montre que ce n'est pas toujours le cas…

Les parents d'un ami français m'ont un jour demandé si j'étais bien intégré dans la société. Je leur ai répondu en plaisantant que oui : la preuve, j'aime le fromage comme un Français, et, si je n'en mange pas tous les jours, j'en prends très souvent depuis plusieurs années, ce qui est plutôt rare chez les Chinois. Il y a plusieurs fromages que j'aime beaucoup, par exemple celui qui a un goût de crevettes séchées, un autre au parfum de soja grillé. Ils étaient très intrigués et voulaient savoir de quelles variétés au goût si particulier je parlais. Je me suis soudain rendu compte que mes

1. Le durian est un fruit tropical connu pour son odeur, jugée épouvantable pour certains. Dans bien des pays asiatiques, il est même interdit de le transporter dans les lieux publics.

critères de sélection étaient en réalité toujours fondés sur mes expériences gustatives chinoises, malgré mon soi-disant esprit d'ouverture. S'il y avait un fromage que j'aimais plus que les autres, c'était seulement parce qu'il évoquait un certain goût de cuisine chinoise !

Dans la doctrine bouddhiste, il y a une histoire très connue : un homme rend visite à un grand maître pour apprendre le bouddhisme. Le maître lui demande de verser de l'eau dans une tasse pleine qu'on venait de lui servir. Très confus, l'homme obéit tout de même. L'eau déborde bien sûr de la tasse, et le maître lui dit : « Regardez bien. Si vous êtes venu avec une tête pleine comme cette tasse, comment pourrais-je vous enseigner le bouddhisme ? » Il n'est pas question pour le maître de « vider » son cerveau, mais pour l'élève de combattre ses préjugés et de les vaincre lui-même. Même si on réussit à se débarrasser de tous ses préjugés comme on vide une tasse de thé, la tasse elle-même reste toujours un préjugé, car c'est elle qui donne la forme à l'eau contenue. Seuls les grands philosophes et les fous font peut-être exception. C'est sans doute pour cette raison que l'expression « être fou » se dit en chinois « L'eau s'infiltre dans ton cerveau » : la tasse est endommagée. Il ne faut donc pas s'inquiéter si on a des petits préjugés comme le rejet du tofu ou qu'on préfère certains fromages. Cela montre que notre tasse est entière.

Le vin français et le thé chinois

Il y a quelques années, j'ai vu un reportage à la télévision sur le développement d'un hypermarché français en Chine. Le journaliste montrait un produit probablement unique au monde mis en vente dans ce magasin : une sorte de pack comportant une bouteille de vin et une bouteille de Sprite. Cette combinaison surprenante est due au fait que les consommateurs chinois (ou du moins certains d'entre eux) jugent que le vin n'est pas assez sucré. Ils y ajoutent donc du soda. Aujourd'hui cette pratique n'est plus à la mode. Mais à dire vrai, quand j'étais en Chine, j'appréciais ce mélange. Dès que je raconte cette anecdote à mes amis ici, tout le monde crie au scandale car il s'agissait parfois de bouteilles de vin français très cher !

L'histoire aurait pu s'arrêter là. Mais au printemps dernier, un ami chinois est venu me rendre visite à Paris. Il m'a apporté un petit paquet de thé nommé « Puits du dragon », le thé vert le plus connu de Chine. J'avais hâte de faire goûter ce thé à un ami français. Quand tout fut prêt pour l'infusion du thé, il me demanda du sucre. Je le regardai avec des yeux « qui faillirent en tomber », comme on dit en chinois. J'avais du mal à imaginer comment mon ami chinois aurait réagi s'il avait été présent ce jour. Comment oserait-on ajouter autre chose que de l'eau dans ce thé ? Il faut savoir qu'en Chine même le meilleur thé au jasmin n'est pas considéré comme un grand cru, car le parfum du jasmin perturbe celui du thé. Je parvins à retenir mes mots et lui proposai même du lait.

J'ai rencontré Joël Cirotte, viticulteur à Sancerre depuis plusieurs générations, au mois d'octobre 2009. Je lui ai demandé si le goût du vin évoluait dans le temps. Il m'a répondu que le vin d'aujourd'hui est plus doux qu'il y a un siècle à cause de la généralisation des boissons sucrées comme les sodas, les jus de fruits, etc. Le vin que buvaient ses grands-parents était beaucoup plus âpre. Si le goût du vin change, la manière de le boire évolue aussi. À l'époque de Montaigne, on « trempait » son vin. Comme l'écrivait l'auteur des

Essais : « Je haïrais autant un Allemand qui mît de l'eau au vin, qu'un François qui le boirait pur. » L'expression « mettre de l'eau dans son vin » n'a donc pas toujours été utilisée dans son sens figuré !

Le thé en Chine connaît une évolution identique à celle du vin. À l'époque des Trois Royaumes (IIIe siècle), les Chinois ajoutaient des épices et du sel pendant la préparation du thé. Comme le relevait Zhang Ji à cette époque : « Faire griller des galettes de thé (faites avec des feuilles de thé et de la crème de riz) jusqu'à ce qu'elles deviennent rouges ; les réduire en poudre, puis mettre la poudre de thé dans une porcelaine, y verser de l'eau bouillante ; ajouter de la ciboulette, du gingembre, des écorces d'agrumes. » Si certains Chinois se moquent des étrangers qui ajoutent du sucre dans le thé, c'est qu'ils ont probablement oublié que la manière dont eux-mêmes boivent le thé aujourd'hui ne date que de la dynastie des Ming (1368-1644). En 1391, Zhu Yuanzhang, le premier empereur de cette dynastie, ordonna par décret impérial de remplacer les galettes de thé par du thé en vrac pour tout thé d'offrande impériale. Dès lors, l'infusion des feuilles de thé devint progressivement le seul mode de breuvage en Chine, sauf chez certaines minorités.

En Europe, le thé fut introduit en 1606 par les Hollandais, mais c'est en Angleterre qu'il a connu son plus grand succès en Occident. Les Français étaient plus hésitants. Pourquoi le thé a-t-il connu une telle popularité chez les Anglais ? Pierre-Jean Vaillard avait bien une explication : «Je sais maintenant pourquoi les Anglais préfèrent le thé : je viens de goûter leur café.» Certains historiens et anthropologues comme Alan Macfarlane et Sidney Mintz pensent que le thé a joué un rôle important pendant la révolution industrielle en Angleterre. Le thé sucré était une sorte de produit pour la classe laborieuse. Il remplaçait l'alcool, qui nuisait à la productivité des ouvriers, et leur donnait des calories supplémentaires pour supporter une journée pénible de travail.

Sidney Mintz a ainsi conclu que, tout comme le thé sucré ou le cinéma avec le pop-corn, le capitalisme aurait « condensé le plaisir de consommer en consommant plusieurs choses à la fois ». Le vin « spritisé » serait-il alors le fruit du nouveau capitalisme en Chine ?

La saveur et la non-saveur ?

Dans la peinture traditionnelle chinoise, il existe une technique d'expression qui s'appelle le « laisser vide » (*liubai* (留白), ce qui signifie littéralement « laisser blanc »), c'est-à-dire que, dans un tableau, certains espaces sont laissés volontairement vierges par l'artiste. Ces espaces vides ne sont pas dénués de signification. Bien au contraire, ils font intégralement partie de l'œuvre.

Prenez l'exemple du *Fleuve embrumé et montagnes enserrées* de Wang Shen (1048-1104) de la dynastie des Song. Ce tableau, conservé au musée de Shanghai, est en parfait état bien que son support ait jauni avec le temps. La partie principale, c'est-à-dire les montagnes et les ruisseaux, occupe la droite du tableau, tandis qu'à gauche on ne voit que quelques petites îles prises dans la brume. Plus de la moitié de l'œuvre est laissée vide. Personne ne peut manquer de le remarquer. C'est une œuvre typique de la peinture paysagiste chinoise (appelée « peinture de montagne et d'eau ») dont le thème principal est la grandeur et la beauté de la nature dont l'homme fait partie.

Si l'on n'est pas habitué à la peinture traditionnelle chinoise, il est probablement difficile de comprendre le rôle du vide dans cette œuvre. Dans l'esprit chinois, une fois que le trait est tracé, il exclut toute autre forme de trait possible, tandis qu'un espace vide représente des possibilités infinies de traits, ce qui laisse au spectateur toute liberté d'imagination. Mais le vide total, la page vierge, n'aurait pas de sens non plus. Ce n'est qu'en combinant le vide et le plein qu'un tableau est complet. Les Chinois cherchaient l'inspiration dans la nature, les Occidentaux dans le corps humain. Un corps artistiquement vêtu n'est-il pas plus mystérieux et plus séduisant qu'un corps nu ? Roland Barthes écrivait d'ailleurs que l'endroit le plus érotique d'un corps est là où le vêtement bâille. C'est peut-être l'exemple le plus proche du vide et du plein dans la peinture traditionnelle chinoise (la partie cachée du corps correspondant ici au vide et celle dénudée au plein).

Dans la musique, les discours ou la littérature, le duel entre le vide et le plein existe aussi. Un narrateur expérimenté sait jouer des moments de silence, quelquefois beaucoup plus expressifs que les mots prononcés.

Vide et plein, absence et présence, virtuel et réel, silence et son, mouvement et immobilité sont des termes opposés mais complémentaires, issus de la philosophie du yin et du yang. Cette philosophie millénaire est présente dans la langue tout comme dans l'art chinois. Des termes comme « combien », « taille », « connaissances », « crise », « laisser volontiers » sont en chinois composés d'antonymes : « nombreux/peu » signifie « combien », « grand/petit » indique la « taille », « apprendre/s'interroger » évoque les « connaissances », « danger/chance » veut dire « crise » et « abandonner/obtenir » équivaut à « laisser volontiers ». Dans la vie courante des Chinois, on retrouve cette influence, même dans les choses les plus ordinaires comme le riz que l'on mange tous les jours…

J'ai rencontré quelques Africains et Afghans à Hendaye en octobre et novembre 2009. Quand je leur ai expliqué notre manière de manger à la maison, en Chine – du riz nature avec des plats de goûts différents –, ils étaient tous très étonnés, car chez eux le riz est toujours mélangé avec d'autres ingrédients ou sauces. J'étais moi aussi stupéfié de constater qu'un ami français ajoutait de la sauce du plat au riz nature quand je mangeais avec lui dans un restaurant chinois à Paris : en Chine, seuls les enfants ont le droit de faire cela ! D'ailleurs, le riz cantonais qu'on propose dans les restaurants chinois en France est plutôt une sorte d'en-cas qu'un accompagnement, comme le sandwich ou le hamburger. Comme on n'a pas le temps à midi de préparer un vrai repas comportant des plats et du riz nature, on se contente de réchauffer le riz froid de la veille en ajoutant des œufs, des dés de viande et des petits pois. C'est aussi le cas de la paella en Espagne qui trouve « ses origines dans les usages culinaires des travailleurs agricoles… Et elle est toujours restée un plat de déjeuner et n'est proposée le soir qu'en de très rares occasions[1] ».

Cette façon que les Chinois ont de manger le riz n'est-elle pas le reflet de la philosophie du yin et du yang ? Les plats disposés au centre de la table correspondent au plein dans la peinture chinoise, tandis que le riz nature (appelé littéralement « riz blanc ») correspond au vide. On apprécie la saveur des saveurs, mais également la saveur des non-saveurs. Sans le vide – ou la non-saveur –, le

1. Frédéric Duhart et François-Xavier Medina, « Les espaces de la paella en Europe : frontières gastronomiques, représentations culinaires et identités culturelles », *Les Frontières alimentaires*, Paris, CNRS Éditions, 2009.

plein n'aurait pas le même sens. Tout comme l'été et l'hiver, le jour et la nuit, le bien et le mal, ces notions sont opposées, concurrentes, mais elles sont interdépendantes et indispensables pour former notre univers. On trouve une explication de cette manière de manger dans le *Livre des rites* (compilé probablement entre les IVe et IIIe siècles av. J.-C.) : « C'est la douceur des céréales qui fait ressortir les saveurs différentes des plats, tout comme la couleur blanche qui fait ressortir les autres couleurs », d'après l'historien chinois Gao Chengyuan.

Le riz est l'une des sources principales de glucides chez les Chinois, comme le pain chez les Français. Mais on trouve plusieurs différences entre les deux. Tout d'abord la baguette est légèrement salée. Si aujourd'hui la teneur en sel du pain diminue, c'est plutôt par souci diététique. Ensuite le riz, plus moelleux et moins sec que la baguette, absorbe mieux les goûts des plats qu'on vient de manger. « Le riz nature nettoie en quelque sorte le palais et la langue, ce qui permettra d'avoir toujours une sensation nouvelle à chaque bouchée de plat », explique Gao Chengyuan. Boire de l'eau, ou des liqueurs amères comme le font les Italiens (le Fernet-Branca, par exemple), peut avoir le même effet mais diminue la capacité de digestion en diluant les sucs de l'estomac, ou perturbe le palais de certaines personnes qui ne sont pas habituées à l'amertume. De ce point de vue, le contraste entre des plats aux goûts différents et le riz nature, sans goût, n'est-il pas une création géniale des Chinois ?

Si la Chine exploite, comme chaque culture, toutes les saveurs connues telles que le salé, le sucré, le piquant et l'acidulé, elle a développé également la notion de « fadeur », de « non-saveur » et de « cuisine de la fadeur ». L'absence de saveur n'est pas toujours considérée comme un défaut. Certains ingrédients, comme le tofu, sont choisis justement pour cette particularité. « C'est un peu fade », un reproche que j'entends souvent de la part de mes amis français à propos du tofu[1]. En fait, ce qu'on

1. Voici pour lutter contre ce reproche une recette de tofu au porc haché, issue des *Recettes de cuisine familiale* (Édition de littérature et d'arts de Shanghai, Collectif, 1980). Ingrédients : 700 g de tofu, 150 g de porc haché, 10 g de sauce de soja, 2,5 g de sel, 2 g de sucre, 5 g d'alcool jaune (alcool de riz chinois), 5 g de gingembre coupé en morceaux très fins, 2,5 g de ciboule en petits morceaux, 1 g de poivre et 50 g d'huile végétale.

1) Couper le tofu en morceaux de 1,5 cm, les cuire dans de l'eau bouillante légèrement salée jusqu'à la reprise de l'ébullition.

2) Dans le wok très chaud verser l'huile. Avant qu'elle devienne fumante, mettre le porc haché dans le wok et mélanger jusqu'à ce que l'eau s'évapore.

3) Rajouter la sauce de soja, le sel, le sucre, l'alcool jaune, le gingembre et le poivre, les mélanger avec le porc haché.

apprécie dans un plat de tofu, outre sa valeur nutritionnelle, c'est le contraste entre la fadeur du tofu et le goût relevé de la sauce, comme celui entre le riz nature et les différents goûts des plats dans un repas chinois.

L'origine de la valorisation de la fadeur par les Chinois se trouve dans l'œuvre du philosophe Lao-tseu (ve siècle av. J.-C.) : « savourer ce qui est sans saveur », « le tao (principe fondamental) est fade et sans saveur, il ne peut être ni perçu ni entendu, mais il est inépuisable ».

On peut sans doute s'étonner que la « non-saveur » soit considérée comme une qualité dans la cuisine chinoise. Mais si l'on cherche un peu plus loin, certains mots français comme « limpide » ou « transparent » (sans couleur) ou « silencieux » (sans son) peuvent également s'employer avec un sens positif. Ne dit-on pas que le silence qui suit une musique de Mozart, c'est encore du Mozart ? N'observe-t-on pas trois minutes de silence lors des obsèques d'un défunt ? Aucune parole, aucune musique, voire aucun son ne saurait exprimer notre

---

4) Rajouter les morceaux de tofu et 150 g d'eau.

5) Quand l'eau commence à bouillir, réduire le feu et laisser cuire jusqu'à ce que la sauce devienne épaisse et collante.

6) Rajouter les petits morceaux de ciboule avant de réserver.

7) Servir avec des baguettes, mais vous pouvez utiliser une cuillère !

plus profond sentiment. Une pure coïncidence, sans doute : dans la Chine antique, la grande soupe offerte aux ancêtres ou aux divinités lors des cérémonies de sacrifice ne contenait ni sel ni aucun autre assaisonnement. Pourquoi apprécie-t-on la « transparence » ou le « silence » et non pas la « non-saveur » ou encore le « vide », autre terme cher à la philosophie et à l'art chinois ? Il existe tellement de saveurs différentes dans le monde, la non-saveur et la fadeur ont aussi leur place dans la cuisine. C'est peut-être même la saveur suprême, la base de toutes les saveurs, comme le silence par rapport à la musique ou l'espace (le vide) par rapport à l'architecture. Car c'est le second élément qui permet la naissance du premier et non l'inverse : comme le dit Lao-tseu : «Tous les être sont issus de l'Être, et l'Être est issu du Non-Être[1].»

Éric Verdier, un grand connaisseur de vins français conseille pour apprendre à déguster les vins de le faire tout d'abord avec différentes sortes d'eau[2]. Un lettré chinois nommé Wang Shizhen (1634-1711) tenait des propos similaires concernant la poésie : « La saveur de l'eau est fade mais, en fait,

1. Lao-tseu, *Tao-tö king,* traduction de Liou Kia-hway, Gallimard, 1967.

2. Jean-Philippe Derenne, *Cuisiner en tous temps, en tous lieux,* Fayard, 2010.

elle n'est pas fade : c'est la saveur la meilleure au monde, et la saveur d'aucun autre aliment ne lui est comparable[1].» Un vrai gastronome ne devrait-il pas lui aussi commencer à apprécier d'abord la fadeur de certains aliments ? Car c'est sans doute cette absence de saveur, en d'autres termes la neutralité, qui nous prépare à distinguer les nuances les plus subtiles, et à apprécier les goûts les plus variés. Je suis très étonné par le fait que certains de mes compatriotes du nord de la Chine vivant en France n'apprécient guère les desserts. Sans doute sont-ils trop habitués à la cuisine du Nord, caractérisée par son goût salé, et ont-ils perdu la capacité d'apprécier le goût sucré. Cela me fait penser à une phrase de Diderot dans *Paradoxe sur les comédiens* : « C'est le manque absolu de sensibilité qui prépare les acteurs sublimes.»

Si Lao-tseu a fait l'éloge de la non-saveur, ce n'était nullement pour devenir gastronome. Il a critiqué au contraire la recherche permanente et excessive des saveurs exquises : « La vue des couleurs aveugle les yeux de l'homme. L'audition des sons lui fait perdre l'ouïe. La gustation des saveurs

---

1. Wang Shizen, cité par François Jullien, in *Éloge de la fadeur*, Éditions Philippe Picquier, 1991.

use son goût. Aussi le Sage soigne son ventre, et non ses sens. Il renonce à ce qui l'use pour embrasser ce qui le conserve[1]. » Yi Ya, le cuisinier du duc Huan de Qi (?-643 av. J.-C.), est l'un des plus grands chefs de l'histoire gastronomique chinoise. Malheureusement, ce qu'on retient de Yi Ya aujourd'hui, c'est plus cette anecdote horrible que ses talents culinaires. Un jour, le duc a dit à Yi Ya : « Les mets les plus raffinés ne me disent plus rien. S'il y a un plat que je n'ai pas encore goûté, c'est le bébé à la vapeur. Il semblerait que c'est un délice absolu. Tu sais en faire ? » En rentrant, Yi Ya a tué son fils pour satisfaire le désir monstrueux du duc. Ce genre de récits épouvantables n'était pas isolé, mais récurrent dans l'histoire de la Chine, ainsi que dans d'autres civilisations anciennes. Et c'est sans doute de ces excès qu'est né l'antipode de la haute gastronomie : la cuisine de la fadeur. Comme le préconise Hong Zicheng (XVIe-XVIIe siècle) dans *Propos sur la racine des légumes* : « Les vins capiteux et les mets trop riches, l'épicé et le sucré n'ont pas la saveur véritable que seule préserve l'absence de saveur[2]. » On

1. Lao-tseu, *Les Pères du système taoïste, Lao-tseu, Lie-tseu, Tchouang-tseu,* traduction d'après celle de Léon Wieger S.J., Les Belles Lettres, coll. « Les Humanités d'Extrême-Orient », Cathasia, 1950.

2. Hong Zicheng, *Propos sur la racine des légumes,* traduction de Martine Vallette-Hémery, Éditions Philippe Picquier, 2011.

peut trouver certaines similitudes entre l'éthique de cette cuisine et celle du monachisme chrétien : « Point d'épices ni de saveurs pointues dans la cuisine d'un monastère bénédictin ou orthodoxe : des produits vrais du jardin ou de la basse-cour, simplement apprêtés[1]. »

L'époque de Yi Ya est loin derrière nous, mais l'excès, que ce soit dans la cuisine ou dans d'autres domaines, n'a pas complètement disparu, comme le champagne aux paillettes d'or ou la dégustation d'espèces en voie de disparition par certains gastronomes chinois. La cuisine de la fadeur, comme le minimalisme dans l'art, peut toujours trouver sa place dans notre société. Cette cuisine ressemble d'ailleurs au riz nature, car les Chinois disent souvent : « On s'ennuiera tôt ou tard des mets les plus raffinés du monde, mais jamais du riz nature, qui est sans saveur. »

饭

Riz cuit

---

1. Jean-Robert Pitte, « La Fadeur du tao », *Le Monde des religions*, n° 32, novembre 2008.

Le poisson vivant, la fraîcheur et la saveur

鲜 En chinois classique, les trois mots « poisson » (vivant), « frais » et « savoureux » partagent le même caractère : *xian* (鲜). On pourrait presque dire que les notions de fraîcheur et de saveur de l'aliment chez les Chinois proviendraient d'abord des poissons vivants. En français, si la notion « frais » (récent) dérive du mot « frais » (froid), serait-ce parce que les aliments se conservent frais à une température fraîche, ou encore parce que les fleurs fraîches se fanent moins facilement dans une ambiance fraîche ? L'étymologie du mot « frais » en chinois et en français nous donne peut-être une idée des différences entre les mentalités.

Dans la mentalité française ou occidentale, on cherche la cause d'un phénomène : la fraîcheur est le résultat d'un temps frais, bien que ce ne soit pas la cause finale, d'un point de vue scientifique moderne. Tandis que la façon de penser chinoise est très imagée. On aime utiliser des symboles, des métaphores pour expliquer des choses ou théories abstraites, comme dans l'exemple cité plus haut : poissons vivants = fraîcheur = saveur, et il en va de même dans les ouvrages des grands philosophes. Ainsi un lecteur occidental sera probablement frappé par le nombre de fables et de métaphores employées dans ces livres, comme par exemple : « Gouverner un grand pays, c'est comme cuire un petit poisson » (Lao-tseu) ; « J'aime le poisson et j'aime aussi les pattes d'ours [symboles des nourritures rares et précieuses]. Si je ne peux pas avoir les deux à la fois, je laisserai le poisson et je prendrai une patte d'ours. J'aime la vie et j'aime aussi la justice. Si je ne peux garder les deux à la fois, je sacrifierai ma vie et je garderai la justice[1] » (Mencius, ~372-289 av. J.-C.).

La recherche de fraîcheur, notamment pour le poisson, est une obsession non seulement pour les gastronomes chinois, mais aussi pour la population.

---

1. Mencius (Meng-tseu), *Les Quatre Livres IV, œuvres de Meng Tseu,* traduction d'après celle de Séraphin Couvreur (1835-1919), Les Belles Lettres, coll. « Les Humanités d'Extrême-Orient », Cathasia, 1949.

À ce propos, rappelons deux anecdotes : l'alose (*tenualosa reevesii*), qui remonte le fleuve Bleu pour la reproduction à la fin du printemps, est considérée comme le poisson le plus exquis dans la cuisine chinoise. Une couche de graisse au-dessous des écailles lui donne une saveur très particulière. On garde donc les écailles pendant la préparation et on ne les retire qu'au moment de la dégustation. Mais l'alose est d'une extrême fragilité : elle meurt dès qu'elle sort de l'eau et sa chair perd alors toute sa saveur subtile. Certains diraient même qu'elle met fin à ses jours dès que le filet du pêcheur touche ses écailles, d'où son surnom de « poisson qui chérit ses écailles ». Pour pouvoir déguster un tel poisson, les vrais gastronomes engageaient un pêcheur et un cuisinier. Une fois le poisson capturé, le cuisinier le

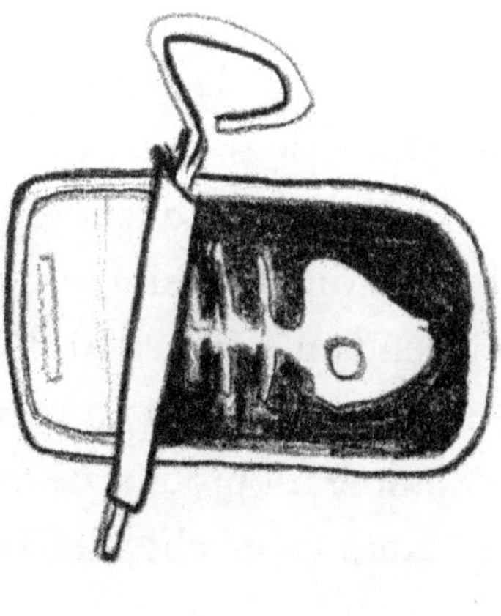

préparait sur le bateau. Ainsi on ne perdait pas une seconde pour préserver toute la saveur du poisson.

Second exemple : au nord de la Chine, on trouve une autre spécialité, la « carpe du fleuve Jaune ». Lorsque le cuisinier fait frire ce poisson, la tête est épargnée (l'expression française « avoir des yeux de merlan frit » ne peut donc pas s'employer ici). Quand le plat est présenté à table, la bouche de la pauvre carpe bouge encore. (Aurait-elle des choses à dire au pêcheur, comme dans la fable de La Fontaine ?) La fraîcheur du poisson est ainsi absolument garantie pour les clients.

Aujourd'hui, malgré l'apparition de multiples techniques de conservation, les Chinois achètent ou commandent encore très souvent des poissons vivants dans les restaurants, au marché et même dans les supermarchés comme Carrefour en Chine. Il est également intéressant de comparer le rayon des boîtes de conserve dans un supermarché en Chine et en France : le premier est beaucoup plus petit, tant en variété qu'en quantité.

J'ai eu l'occasion de visiter une conserverie à Quiberon pendant l'été 2010. J'ai été surpris d'apprendre que les sardines en conserve étaient considérées comme un produit de luxe, servi dans de grands restaurants et chez les familles riches jusqu'au début du XXe siècle en France. Cela me rappelle que les fruits en bocaux faisaient partie des cadeaux offerts traditionnellement aux malades hospitalisés jusqu'aux années 1980 en Chine. Les fruits frais étaient encore rares à cette époque, surtout en plein hiver. Aujourd'hui, ces habitudes de consommation ont disparu car on peut produire des fruits toute l'année. Mais ce progrès technologique a fait disparaître beaucoup d'espèces, dont l'alose sauvage.

La pizza, le baozi et la sinuosité

Dans beaucoup de pays occidentaux on trouve des aliments combinant farine, viande, légumes ou crème, comme par exemple les pizzas, les sandwiches, les hamburgers, les quiches et les tartes. En Chine, ce sont les raviolis (un aliment présent aussi en Occident, mais d'origine chinoise), les rouleaux de printemps (qui ressemblent aux nems servis dans les restaurants asiatiques en France), les boulettes de riz glutineux (汤圆), les gâteaux de lune et les *baozi* (包子, une sorte de

包子

Baozi

brioche farcie cuite à la vapeur, très populaire chez les Chinois).

Si l'on compare les aliments cités plus haut dans les deux univers, les Chinois sont conscients que pour ces aliments chinois, les farces sont enveloppées dans la pâte. Il faut donc mâcher pour découvrir ce qui est à l'intérieur. À l'inverse, en Occident, la viande et les légumes sont exposés à l'extérieur. On voit donc immédiatement ce qu'on va manger. Serait-ce lié à une différence de tempérament? Peut-être : les Chinois ont un caractère plus discret, réservé et pudique. Les farces sont donc cachées. En Occident, c'est tout le contraire : pendant la cuisson au feu de bois de la pizza, l'odeur qui se dégage attire déjà les clients. N'est-ce pas là un jeu de séduction permanent?

On peut sans doute ajouter un élément économique à ce qui précède. Mais dans l'art, la langue et la société, on retrouve cette influence propre au caractère des Chinois d'une manière plus nette. Prenons l'exemple des thèmes de concours de l'Académie impériale de peinture sous le règne de l'empereur Zhao Ji (1082-1135). Ces thèmes étaient dictés par le Souverain, lui-même grand calligraphe et peintre. Il choisissait souvent un poème comme titre du tableau à peindre. Ensuite les artistes devaient dessiner leurs tableaux en fonction de ces poèmes. On se souvient de plusieurs thèmes, dont *un temple ancien caché dans de profondes montagnes* (深山藏古寺). Tous les tableaux produits lors de ce concours présentaient un temple dans le contexte imposé, sauf un, sur lequel on voyait seulement des montagnes et un moine cherchant de l'eau au bord d'une rivière. Mais c'est ce tableau – sans le temple – qui a paradoxalement obtenu le premier prix. Car si le moine venait chercher de l'eau à cet endroit, le temple où il habitait ne devait pas être très loin. Où se trouvait-il ? Caché dans les montagnes… Les autres tableaux étaient peut-être techniquement meilleurs, mais ils étaient trop directs et moins raffinés au goût de l'empereur. Cet exemple montre l'une des caractéristiques importantes de la conception esthétique des Chinois : la sinuosité.

Dans l'architecture, et notamment dans la création des jardins, on voit encore mieux cette conception esthétique, très différente, voire à l'opposé de celle des Occidentaux. Prenons l'exemple du château de Versailles : si les Français et les Chinois apprécient tous sa perspective grandiose, les seconds pourraient néanmoins ressentir une légère déception, comme devant un film dont on connaît la fin dès les trois premières minutes. Dans les jardins chinois, on construit des murs, des étangs, des rochers artificiels ou des bâtiments pour créer une sinuosité. On ne découvre l'ensemble du jardin qu'au fur et à mesure, en s'y promenant. S'il existe un endroit d'où l'on peut avoir une vue d'ensemble, ce doit être vers la fin de la promenade. Dans le plus grand roman de la littérature classique chinoise, *Le Rêve dans le pavillon rouge* de Cao Xueqin (XVIIIe siècle), on peut lire un passage qui illustre bien cet esprit :

« Jia le Politique fit alors ouvrir la porte d'entrée du jardin, se trouva devant une chaîne de buttes de roches verdies, formant écran.

"Quelles belles collines ! s'écrièrent d'une seule voix les conseillers intimes. Qu'elles sont belles !

– Sans elles, dit Jia le Politique, on découvrirait d'un seul coup d'œil, après être entré, l'ensemble des paysages. Qu'y aurait-il, dès lors, d'intéressant ?

– Rien de plus juste ! s'exclamèrent en chœur les conseillers. Mais, à moins de receler en son sein des conceptions à la fois altières et profondes, comment penser à cela [1] ?" »

La langue, censée être le moyen le plus direct de refléter notre pensée, peut être incertaine en Chine. Il existe par exemple une quarantaine de façons

1. Cao Xueqin, *Le Rêve dans le pavillon rouge*, traduction de Li Tche-houa et Jacqueline Alézaïs, revue par André d'Hormon, Bibliothèque de la Pléiade, Gallimard, 1981.

pour dire « ma femme » : mère des enfants, celle de la maison, personne intérieure, assistante vertueuse, mon aimée, l'autre moitié, vieille compagne, etc. Mais ce n'est pas tout. Selon certains linguistes, il existerait en chinois deux cents manières de dire le mot « mort », ou plutôt une centaine de manières de ne pas le dire ! Si un jour un Français étudiant le chinois parvenait à maîtriser tous ces vocables, ce serait probablement au moment de *sortir de sa chrysalide et devenir immortel* (vous connaissez désormais une façon de dire le mot « mort » en chinois). En conséquence, trouver des termes tels que « croissance négative » (décroissance) ou « personne en attente de travail » (chômeur) dans la presse chinoise n'a rien de surprenant.

Dans les relations humaines entre Chinois, les Occidentaux peuvent penser à une grande complexité. C'est partiellement vrai, mais pas totalement. Les Chinois sont probablement beaucoup plus directs dans certains domaines. Ils vont par exemple vous poser des questions sur votre vie privée dès la première rencontre : D'où venez-vous ? Quel âge avez-vous ? Combien gagnez-vous ? Êtes-vous marié ? Avez-vous des enfants ? Mais ce n'est qu'une façon de manifester leur intérêt à votre égard. Dans d'autres domaines, la discrétion se transforme quelquefois en devinette…

Dans un autre registre, voici une anecdote qui concerne l'entreprise française où j'ai travaillé il y a quelques années, le patron avait demandé à un employé d'origine chinoise d'aller tous les matins chercher ses collègues à la gare avec la voiture de l'entreprise. Cet employé commençait son travail deux heures plus tôt que les autres et la gare était à vingt minutes à pied du lieu de travail. En contrepartie, le patron lui avait promis une demi-journée de congé chaque mois. Un mois plus tard, le patron n'avait rien fait, sans qu'on sache pourquoi. L'employé n'était évidemment pas content. Quelques jours plus tard, il est allé voir son chef en lui disant qu'il ne ferait plus ce travail à partir de la semaine suivante, car il trouvait que la voiture de l'entreprise était trop vieille et donc peu sûre. Aucun de ses collègues français n'avait compris sa réaction. Il est vrai que la voiture n'était pas neuve. Mais elle n'était pas plus dangereuse qu'un mois plus tôt. Pourquoi refusait-il ce travail du jour au lendemain ? En tant que Chinois, j'ai tout de suite compris pourquoi mon compatriote avait réagi de cette manière. Parce que, s'il avait rappelé au patron qu'on lui devait une demi-journée de congé, il aurait mis en cause la crédibilité du patron et lui aurait fait perdre la face. De plus, il aurait fait preuve d'un esprit mesquin en refusant de travailler pour ce motif. Il a donc utilisé une raison extérieure pour rappeler au patron l'existence de cette demi-journée de congé. Ainsi personne n'était mis en cause dans cette affaire, sauf la voiture de l'entreprise. Et si le patron avait compris et lui avait dit : « Il y a un peu trop de travail ce mois-ci, voudriez-vous prendre cette journée de congé le mois prochain ? » Comment aurait répondu l'employé chinois, puisqu'il avait déjà dit que la voiture n'était pas sûre ? Il aurait tout simplement dit qu'il allait passer chez un garagiste pour faire un contrôle technique. Mais tout le monde aurait su qu'il ne le ferait pas, puisque la voiture n'avait pas de problème particulier.

Comment expliquer cette manière de penser et d'agir des Chinois ? Est-ce seulement lié à leur caractère, ou bien existe-t-il d'autres raisons ? Le philosophe Zhuangzi (369-286 av. J.-C.) a écrit : « Les livres ne sont que des assemblages de mots. Les mots rendent des idées. Or les idées vraies dérivent d'un principe non sensible, et ne peuvent guère mieux être exprimées en paroles que lui. Les formules qui remplissent les livres n'évoquent que des idées conventionnelles, lesquelles répondent peu ou pas à la nature des choses, à la vérité » ; « Quand l'idée est transmise, peu importent les mots qui ont servi à la convoyer. Combien je voudrais n'avoir affaire qu'à des hommes pour lesquels les idées seraient tout, les mots ne seraient rien[1].» Ces deux citations de Zhuangzi signifient que la langue, même la plus raffinée, ne peut refléter parfaitement notre pensée. Tout comme un tableau, un jardin, quelle que soit leur grandeur, ne peuvent pas rivaliser avec la nature. L'anthropologue français Claude Lévi-Strauss (1908-2009) parle même du refus du discours dans la pensée orientale : « Depuis les Grecs, l'Occident croit que l'homme a la faculté d'appréhender le monde en utilisant le langage au service de la raison : un discours bien construit coïncide avec le réel, il atteint et reflète l'ordre des choses. Au contraire, selon la conception orientale, tout discours est irrémédiablement inadéquat du réel[2].» La sinuosité est sans doute le reflet de la volonté des Chinois de surpasser les limites de la langue. Comment l'employé chinois pourrait-il exprimer en quelques phrases la complexité de sa pensée vis-à-vis de son patron ?

On peut bien sûr s'agacer de cette sinuosité. Il aurait été beaucoup plus simple de dire au patron qu'il avait oublié sa promesse. En réalité, certains Chinois eux-mêmes critiquent sévèrement ce genre de sinuosité. Ainsi Zheng Banqiao (1693-

1. Zhuangzi (*Tchouang-tseu), Les Pères du système taoïste, op. cit.*
2. Claude Lévi-Strauss, *L'Autre Face de la lune*, Seuil, 2011.

1765), un grand lettré de la dynastie des Qing considérait que « laisser entendre ou suggérer » n'étaient que des comportements de petits esprits. Mais je pense que les Français n'auront aucune difficulté pour comprendre cette sinuosité (pour les Allemands, j'en suis moins sûr). Car on dit en Chine que les Français sont les Chinois d'Europe.

中国

Chine

法国

France

Le plat français le plus chinois

« Quel est selon vous le plat le plus représentatif de la cuisine française ? » Je pose souvent cette question à mes amis à table, et il est toujours très difficile pour eux de me donner une réponse[1]. Je comprends bien leur hésitation, car chaque région de France a ses spécialités et chaque spécialité a ses caractéristiques. C'est comme si on

1. Dans *Saveurs de France* (Nathan, 1989), Jacques-Louis Delpal a interrogé « les plus grands restaurateurs de France, quelques-uns de leurs confrères étrangers, un quarteron de représentants du terroir », et ils ont voté : « Précédant de peu la trilogie bouillabaisse-choucroute-cassoulet, le pot-au-feu est le plat roi. » Selon un sondage Ipsos réalisé pour le ministère de l'Économie, des Finances et de l'Industrie auprès de 1 014 personnes représentatives de la population française, les 16 et 17 septembre 2011, le foie gras (48 %), le pot-au-feu (41 %), la blanquette de veau (31 %), le cassoulet (30 %), la côte de bœuf-frites (19 %) et la sole meunière (10 %) sont aux yeux des Français les plats les plus emblématiques de leur gastronomie (*Le Parisien*, le 21 septembre 2011).

demandait à quelqu'un quelle a été sa plus belle histoire d'amour. La réponse n'est pas évidente. Mais si on me demandait quel est le plat français le plus chinois selon moi, il me serait beaucoup plus facile de répondre…

Ma découverte de la cuisine française a débuté à la cantine de l'université de Nantes, pendant ma première année d'études en France. Ce qui m'a le plus marqué dans la cuisine française à cette époque, ce n'était ni son goût ni ses ingrédients, mais plutôt la manière de cuisiner la viande et les légumes : ils étaient en général d'abord préparés séparément, puis présentés dans la même assiette, l'un à côté de l'autre. Dans la cuisine chinoise familiale, c'est souvent le contraire. Si vous allez chez un traiteur chinois à Paris, vous pouvez constater que la plupart des plats proposés sont préparés à partir de plusieurs ingrédients (légumes, viandes ou poissons, etc.) de couleurs, de textures et de saveurs différentes, coupés d'avance en petits morceaux puis mélangés avec des assaisonnements de goûts différents, comme l'aigre-doux. (Le fait de couper les ingrédients en petits morceaux permet aussi une cuisson rapide et des économies d'énergie.) Cette manière de cuisiner est l'une des principales caractéristiques de la cuisine chinoise.

Les Chinois savent apprécier, comme les Français, la saveur subtile et unique de certains aliments, et notamment celle du poisson, souvent cuit à la vapeur avec du sel, du gingembre et de la ciboulette, ce qui permet d'atténuer son odeur trop forte. Mais ils ont généralement une préférence pour les saveurs composées. Prenez l'exemple d'un plat sauté très populaire en Chine, élaboré avec trois ingrédients : poivre vert, pomme de terre et émincé de porc (c'est aussi le nom de ce plat). Si les Chinois considèrent que ce plat est meilleur que chacun des trois ingrédients sauté séparément, c'est parce que ce mélange crée une nouvelle saveur beaucoup plus riche. À la différence de la cuisine japonaise, qui « présente les produits naturels à l'état pur et laisse leur mélange au choix et à la subjectivité du consommateur[1] », un plat chinois se compose à la manière d'un parfum, rarement d'une seule note. Un grand chef chinois est comme un alchimiste, qui détermine les ingrédients, les assaisonnements et les cuissons au millimètre près pour créer une harmonie de goûts, et par conséquent il est souvent impossible de savoir comment les plats ont été préparés simplement en les dégustant. Dans un texte datant du IIIe siècle av. J.-C., on trouve déjà ce

1. Claude Lévi-Strauss, *L'Autre Face de la lune*, *op. cit.*

principe de cuisine : « Lorsqu'on mélange et qu'on harmonise, il faut savoir quand et comment utiliser le doux, l'acide, l'amer, l'âcre et le salé. Leur équilibre est extrêmement délicat, et [il convient d'être attentif à ce qu'on met] avant, après et en quelle quantité. Les transformations qui s'opèrent dans le chaudron sont subtiles, ténues, raffinées, impalpables. La bouche ne saurait mieux les décrire que l'esprit les expliquer[1]. » Un gastronome français m'a affirmé que, si vous savez faire la cuisine, vous pouvez deviner à peu près comment le plat d'un grand chef français a été élaboré, ce qui s'avère très difficile dans le cas chinois.

Le mélange de différents ingrédients et assaisonnements dans un plat chinois n'est donc pas comme la préparation d'une simple salade. Pour que la saveur de chaque ingrédient s'imprègne l'une de l'autre et qu'on crée ainsi une harmonie de goûts, il faut utiliser soit la technique du sautage au *wok* à grand feu, soit celle de la cuisson douce et longue. Si, dans la cuisine japonaise ou italienne, les produits sont dominants, dans la gastronomie chinoise, ce sont les goûts et les textures qui l'emportent. Cela explique en partie les critiques de certains grands chefs français à l'égard

1. Lü Buwei (?-235 av. J.-C.), *Printemps et automnes de Lü Buwei*, traduction d'Ivan P. Kamenarovic, Éditions du Cerf, 1998.

de la cuisine chinoise, comme par exemple « c'est archicuit » d'Alain Senderens, ou l'idée répandue que « les Chinois ne connaissent pas la cuisson des viandes ». Les Chinois n'hésitent pas, quand ils voient les viandes saignantes des cuisiniers occidentaux, à crier à la « barbarie ».

Pourrait-on alors considérer le cassoulet comme le plat français le plus chinois ? On y trouve en effet un mélange d'ingrédients très variés (haricots blancs, confit d'oie, lard, saucisse, agneau et quelquefois légumes tels que tomates, céleri ou carottes) qui présentent une grande harmonie après avoir mijoté longuement, devenant presque fondants en bouche. L'origine du cassoulet semble dater de la guerre de Cent Ans. Pendant le siège de Castelnaudary, les assiégés affamés auraient pris tout ce qu'ils trouvaient et en auraient fait un plat. Outre le cassoulet, le bœuf bourguignon incarne aussi parfaitement l'esprit de mélange de la cuisine chinoise.

Comment expliquer cette manière chinoise de cuisiner les légumes et les viandes ? Elle découle probablement en premier lieu d'une agriculture essentiellement de plantation, alors qu'en Europe l'élevage était très important. Si vous avez 200 grammes de viande pour chaque membre de la famille, vous n'aurez pas de grandes difficultés à préparer un repas, même si vous ne savez pas très bien cuisiner : il vous suffira de faire rôtir la viande, d'ajouter un peu de sel et d'épices pour que le repas soit délicieux. En revanche, si les 200 grammes de viande sont pour toute la famille, cela se complique. Si vous ne voulez pas qu'un dîner devienne une scène de bataille, vous allez probablement couper la viande en petits morceaux ou la hacher, puis la mélanger avec d'autres ingrédients, tels que des légumes, de la farine ou des œufs pour faire un plat, comme dans la cuisine chinoise. Cela nécessite un certain savoir-faire, bien plus compliqué que de faire griller une viande. Mais les contraintes peuvent aussi être source de créativité.

La deuxième raison, c'est que la Chine est un pays surpeuplé qui a connu tout au long de son histoire des catastrophes naturelles, des guerres et des famines innombrables. Manger pour survivre était en conséquence la première préoccupation des Chinois. Même aujourd'hui, quand les gens se croisent dans la rue aux heures des repas, on se dit encore souvent : «As-tu déjà mangé ?» Ce n'est pas une invitation mais une manière de se saluer, comme le «Tu vas bien ?» français. On mangeait donc tout ce qu'on pouvait trouver : pattes de poulet, foie et écailles de poisson, méduse ou estomac de bœuf, probablement jugés immangeables aux yeux des Occidentaux. Chaque pays peut avoir des habitudes alimentaires surprenantes, mais les Chinois sont sans aucun doute les champions du monde en matière de diversité des produits consommés. Comment rendre savoureuses ces choses a priori peu ragoûtantes ? La question revêt la même importance pour les Chinois que « *To be or not to be ?* » pour Hamlet. Une des solutions est donc de mélanger les aliments peu attirants avec d'autres plus classiques. Jin Shentan (1608-1661), l'un des grands lettrés de la dynastie des Qing, disait à son fils juste avant d'être exécuté par l'empereur : « Mon fils, les cacahuètes mâchées avec du tofu séché, cela a un goût de jambon. Ne révèle pas ce secret au bourreau pour qu'il ne puisse pas faire fortune indécente. »

La cuisine chinoise serait-elle pour autant une cuisine de pénurie, comme le soulignent certains de mes amis français ? Pas vraiment, les raisons philosophiques l'emportent là encore sur les questions économiques, et si le moine vit modestement, c'est par choix et non par contrainte. La troisième raison est que la cuisine chinoise est très influencée par la théorie du yin et du yang et celle des cinq éléments : métal, bois, eau, feu, terre. Un plat, tout comme notre univers, doit être composé de différents ingrédients si l'on veut conserver un équilibre entre le yin et le yang. Il en va de même pour les repas chinois qui comportent toujours plusieurs plats (légumes, viandes, poissons, produits de tofu) et céréales. L'origine de cette diversité du régime alimentaire serait très ancienne : dans *Le Classique interne de l'Empereur Jaune*, le plus ancien traité de médecine en Chine (compilé probablement entre les ve et IIe siècles av. J.-C.), on peut lire un principe d'alimentation : « Les cinq céréales sont la nourriture (de base), les cinq fruits aident, les cinq viandes augmentent, les cinq légumes complètent. Lorsqu'on mange en harmonisant saveurs et natures, on tonifie l'Essence et on augmente le *qi* (souffle vital)[1]. » Le nombre cinq, signifiant « nombreux » ou « toutes sortes de » dans ce contexte, coïncide avec le slogan français « manger au moins cinq fruits et légumes par jour ».

Enfin, la dernière raison, c'est l'influence du concept d'harmonie sur la cuisine en Chine ancienne. Dans le livre *Discours des royaumes*, on trouve une conversation entre Shibo et le duc Huan (?-771 av. J.-C.) de Zheng : « L'harmonie engen-

1. « Cuisine et santé dans la tradition chinoise », traduction de Georges Métailié, *La nourriture. Pour une anthropologie bioculturelle de l'alimentation*, in *Communications*, 31, 1979, pp. 119-129.

drera la fécondité, l'identité provoquera la stérilité. Cette harmonie, résultant d'un mélange de choses différentes, permettra une prospérité du monde et le ralliement de tous les peuples. Si l'on met deux choses identiques l'une à côté de l'autre, on n'obtiendra aucun résultat... La musique ne vient pas de sons identiques, la peinture n'est pas composée de couleurs identiques, la cuisine ne consiste pas en saveurs identiques, la référence n'est pas obtenue par la comparaison des choses identiques[1].» La cuisine comme la musique peuvent atteindre l'harmonie suprême grâce au talent des cuisiniers ou des musiciens parce qu'elles sont d'abord composées d'éléments différents, voire opposés. Ce qui explique en partie le principe de «mélange» dans la cuisine chinoise.

L'exemple qui illustre le mieux cette manière de cuisiner est probablement la recette de terrine d'aubergine d'une famille aristocratique décrite dans le roman *Le Rêve dans le pavillon rouge* : «Prenez les premières aubergines de la saison ; épluchez-les pour n'en garder que la pulpe ; coupez-les en dés et faites-les revenir dans de la graisse de poulet ; puis coupez de même du blanc de poulet, des champignons parfumés, des pousses de bambou

---

1. Tang Yijie, «Valeur du principe : "Être en harmonie sans être identiques"», *Alliage*, n° 41-42, 2000.

fraîches, des champignons roses, de la galette de soja aux cinq épices et des fruits secs de toutes sortes ; faites mijoter le tout dans du bouillon de poulet, jusqu'à l'évaporation du liquide, puis faites revenir le tout dans de l'huile de sésame ; mélangez-y de la sauce de soja parfumée d'anchois, et introduisez la préparation dans un récipient de porcelaine bien bouché. Quand vous désirez vous en servir, vous n'avez qu'à en sortir du récipient une assiettée et y ajouter des émincés de poulet sautés[1]. »

Cette recette serait-elle savoureuse ? Je n'ai jamais essayé. Mais on croira volontiers la Mémé Liu, une femme modeste de la campagne, qui l'a goûtée pour la première fois chez un des personnages du roman, et dit : « Ne me bernez pas ! Si des aubergines émanaient un tel goût, nous n'aurions pas besoin de semer des céréales. Nous ne planterions que des aubergines[2]. »

---

1. *Le Rêve dans le pavillon rouge*, *op. cit.*

2. *Ibid.*

Bon appétit, mangez lentement !

L'écrivain anglais William Hazlitt (1778-1830) cite, dans un essai sur le voyage, les remarques d'un de ses amis critiquant une mauvaise habitude française : boire du vin et manger en même temps. Selon cet ami, un Anglais doit faire une seule chose à la fois. Si aujourd'hui personne ne remet en cause cette coutume française, le vin étant considéré comme indispensable à un bon repas, son mariage avec les aliments créant de nouvelles saveurs, la critique britannique reste d'actualité : les activités qu'on peut pratiquer pendant le repas n'ont plus grand-chose à voir avec les habitudes culinaires...

Ainsi on commence souvent la journée par la lecture de la presse au petit déjeuner. On se demande d'ailleurs si les quotidiens ne devraient pas être édités dans un petit format, plus adapté à la lecture à table. Dans un hôtel, on a également

la possibilité de prendre son repas au lit, comme le suggèrent beaucoup d'établissements. Puis, pendant la pause-déjeuner, vient la discussion entre collègues à la cantine. Le repas est indispensable pour accompagner cette réunion quotidienne. Le soir, Claire Chazal ou David Pujadas (selon le goût de chaque famille) nous regardent dîner. Les Chinois peuvent manier la télécommande sans cesser de manger : c'est l'avantage de leurs baguettes qui demandent l'utilisation d'une seule main. Comme la plupart des informations évoquent des catastrophes, des accidents, des scandales ou des polémiques, et sont donc peu appétissantes, je ne suis pas certain qu'elles aient un effet positif sur la santé à long terme du téléspectateur type dînant quotidiennement devant le « 20 heures ».

On peut penser trouver la tranquillité dans un restaurant. Mais ce n'est malheureusement pas toujours le cas. Dans certains restaurants parisiens, les tables sont si rapprochées qu'on peut participer aux conversations des voisins. D'ailleurs, on peut difficilement s'empêcher de regarder ce qu'ils ont commandé... et ensuite de regretter son propre choix. Si l'on souhaite satisfaire nos yeux et nos oreilles en même temps que notre palais, on peut également assister à un dîner-spectacle du Moulin rouge ou du Lido. Avec l'invention du sandwich, on peut même marcher en mangeant. Si par hasard notre mobile sonne, on peut alors faire trois choses à la fois : mâcher, marcher et marmonner.

Les Français critiquent souvent la restauration rapide, car la vitesse y est souvent obtenue au détriment de la qualité de la nourriture. Mais à mon avis c'est loin d'être la pire des choses quand on la compare au brunch du dimanche. À mon arrivée en France, j'étais très surpris de constater que les boîtes de nuit n'étaient pas ouvertes avant minuit. Un ami m'a expliqué que c'est parce qu'on a d'autres choses à faire avant, comme par exemple dîner au restaurant, boire un verre dans un bar ou voir un film. Quand tout cela est terminé, il est presque une heure du matin et on peut alors songer à aller en discothèque. Avec les *after*, on peut même prolonger la nuit jusqu'au dimanche midi. Il y a tant d'activités qui nous attendent entre samedi et dimanche que l'on va jusqu'à supprimer un repas le lendemain matin.

Dans notre société, ce n'est pas l'appétit ou la nourriture qui manquent, mais le temps. On peut multiplier sa richesse, cumuler ses mandats, posséder de multiples pseudos sur internet ou entretenir plusieurs relations amoureuses simultanément, mais on ne peut pas encore vivre au-delà de vingt-quatre heures par jour. L'origine du sandwich ne confirme-t-elle pas ce souci de nos temps modernes ? L'anecdote rapportée par Pierre Jean Grosley (1718-1785) le laisse penser : « Un ministre d'État passa vingt-quatre heures dans un jeu public, toujours occupé au point que, pendant ces vingt-quatre heures il ne vécut que de quelques tranches de bœuf grillé, qu'il se faisoit servir entre deux rôtis de pain & qu'il mangeoit sans quitter le jeu[1]. » Le philosophe Zhuangzi (369-286 av. J.-C.) a écrit : « La vie humaine est limitée, le savoir est illimité.

1. Jean-Philippe de Tonnac, *Dictionnaire universel du pain*, Robert Laffont, 2010.

Qui subordonne sa vie limitée à la poursuite du savoir illimité va à l'épuisement[1].» Aujourd'hui, il conviendrait sans doute de remplacer «le savoir illimité» par «le plaisir illimité». Pour pouvoir vivre toujours davantage tout en vivant autant, il faut donc réduire la durée de certaines activités comme le repas et le sommeil, qui sont pourtant essentielles à notre santé (la suppression du petit déjeuner le dimanche matin en est un exemple), ou encore effectuer plusieurs activités en même temps, comme lire le journal au petit déjeuner tout en écoutant la radio. On aurait du mal à imaginer la réaction de l'ami de William Hazlitt…

Les Français se souhaitent «bon appétit» à table, les Chinois disent traditionnellement «manmanchi» (mangez lentement!), c'est-à-dire «prenez votre temps pour manger!». J'ignore l'origine de cette expression chinoise qui semble très ancienne mais qui n'a certainement pas perdu sa valeur pour nos contemporains. Selon certains médecins, nous avons besoin non seulement de trois repas par jour, mais aussi du temps nécessaire à chaque repas pour nous sentir rassasiés et trouver le plaisir de manger.

---

1. Zhuangzi (Tchouang-tseu), *Œuvre complète*, traduction de Liou Kia-hway, coll. «Connaissance de l'Orient», série chinoise, Gallimard, 1985.

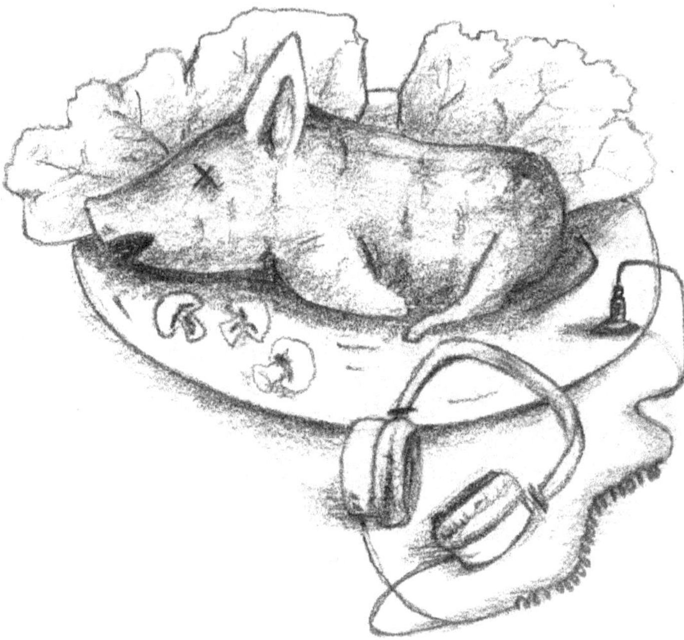

La cuisine et la musique

Confucius (551-479 av. J.-C.), le philosophe le plus influent de l'histoire chinoise, était probablement un grand gastronome. Dans *Les Entretiens*, livre de propos recueillis par ses disciples, le Maître a mentionné de nombreuses fois la nourriture. Par exemple, « Confucius aimait que sa bouillie fût faite d'un riz très pur, et son hachis composé de viande hachée très finement... Il ne mangeait pas un mets qui n'était pas cuit convenablement ni un fruit qui n'était pas suffisamment mûr. Il ne mangeait pas ce qui n'avait pas été coupé d'une manière régulière ni ce qui n'avait pas été assaisonné avec la sauce convenable[1] ». Même quand il parle de musique, il

1. *Les Quatre Livres III, Entretiens de Confucius et de ses disciples,* traduction d'après celle de Séraphin Couvreur (1835-1919), Les Belles Lettres, coll. « Les Humanités d'Extrême-Orient », Cathasia, 1949.

la compare à la cuisine : « Quand Confucius entendait la musique Shao [de l'époque des souverains mythiques] dans la principauté de Qi, il ne pouvait plus ressentir le goût de la viande pendant trois mois. Je ne pensais pas, dit-il, que la musique pût atteindre une si grande perfection. » Dans la littérature classique chinoise, il existe de nombreux textes connus pour leurs descriptions de la musique. Mais ils semblent tous moins originaux que celui de Confucius, qui fut l'un des premiers à établir un lien entre l'ouïe et le goût. Quelle que soit cette originalité, il est malheureusement impossible pour nous de connaître la musique ni la cuisine de l'époque de Confucius. Dans le *Livre des rites*, nous trouvons l'une des plus anciennes recettes chinoises, qui date de la dynastie des Zhou, il y a plus de deux mille six cents ans : le rôti de cochon de lait[1]. Même si nous réussissions à reproduire

1. « Pour faire rôtir un animal dans une enveloppe d'argile, on prenait un cochon de lait ou un agneau, on l'égorgeait, on enlevait les intestins, on emplissait le ventre de jujubes, on enveloppait l'animal dans une natte de roseaux qu'on enduisait d'une couche de terre glaise, et on le mettait sur les charbons ardents. Lorsque l'argile était entièrement desséchée, on la détachait avec les doigts. Après s'être lavé les mains pour manier la viande, on enlevait la pellicule extérieure. On préparait de la farine de riz, on la délayait dans de l'eau, on en faisait une bouillie claire et on la versait sur le cochon de lait. On faisait frire le tout dans une quantité de graisse assez considérable pour le couvrir entièrement. On faisait bouillir de l'eau dans une grande chaudière. Au milieu de cette

孔子

Confucius

cette recette, le cochon qu'on mange aujourd'hui serait-il de la même espèce, c'est-à-dire aurait-il le même goût qu'à cette époque ? Par comparaison avec les musiciens et les chefs cuisiniers, les autres artistes anciens tels que les écrivains, les peintres, les architectes ou les sculpteurs sont avantagés car leurs œuvres sont éternelles. Aujourd'hui, on peut contempler des bronzes fabriqués sous la dynastie des Shang, lire des poèmes écrits sous la dynastie des Zhou ou encore visiter le tombeau du premier empereur chinois avec ses milliers de soldats de terre cuite. Mais, hélas, toutes les musiques, les chansons, ou la cuisine de l'antiquité sont à jamais perdues, comme le temps de notre enfance, et ne peuvent être reconstituées dans notre imagination qu'avec l'aide des historiens.

Si la technologie nous permet d'enregistrer le travail des musiciens sur un petit disque compact,

---

chaudière on mettait une petite marmite contenant la chair du cochon de lait, qui était coupée en petites tranches et exhalait une odeur agréable ; l'eau bouillante ne devait pas couvrir entièrement la petite marmite. On entretenait sans cesse le feu durant trois jours et trois nuits ; puis on ajoutait à ce ragoût du vinaigre et de la viande conservée dans le sel et le vinaigre.» Traduction de Séraphin Couvreur (1835-1919).

pourrait-on imaginer avec un peu d'audace qu'un jour la technique moderne nous permettra aussi de fabriquer une sorte de cuisine virtuelle ? Un petit appareil suffirait pour reproduire des sensations de goût, d'odeur et de toucher, comme si on consommait un véritable aliment. (On réglerait par ailleurs le problème de l'obésité, puisque ces aliments virtuels ne contiendraient aucune calorie.) On trouverait les « albums » des grands chefs cuisiniers à la FNAC et on pourrait entendre dans le métro des conversations de ce genre :

« As-tu goûté le dernier album d'Alain Ducasse ? Oui, je l'ai adoré, surtout le premier plat. Parce que je trouve qu'il a le goût de la *Neuvième* de Beethoven. Maintenant, je n'écoute plus Beethoven depuis trois semaines ! »

La cuisine et la traduction

Je me souviens d'un dîner avec un Parisien et un Pékinois, dans un restaurant de la capitale il y a quelques années. Mon ami français parlait d'une dame qu'il qualifiait de « très seizième ». Malgré plusieurs années d'études de français en Chine, mon ami pékinois ne comprenait pas cette expression. Il me demanda son sens et je lui ai répondu en plaisantant que c'était difficile à expliquer le temps d'un repas, qu'il serait probablement possible d'écrire un mémoire sur ce sujet.

Cette anecdote nous révèle un des nombreux termes intraduisibles que nous rencontrons quotidiennement et, dans notre exemple, ce n'est qu'un petit mot ! Dans d'autres domaines, comme la poésie, c'est souvent le poème entier qui est intraduisible. Prenons l'exemple de deux vers très connus en Chine :

骏马秋风塞北

Coursier, vent d'automne et nord de la Grande Muraille ;

杏花春雨江南

Fleur d'abricotier, pluie de printemps et sud du fleuve Bleu.

Pour un lecteur français, c'est sans doute difficile à apprécier dans cette traduction littérale, pour plusieurs raisons.

D'abord, la musicalité du poème original est perdue dans la traduction française, car en chinois chaque caractère se prononce avec l'un des quatre tons et a été soigneusement choisi selon une règle stricte de tons pour former une sorte de musicalité qui n'a pas d'équivalent en français[1].

Ensuite, on n'est pas habitué à une juxtaposition d'images sans aucun verbe. Cette manière d'écrire est très courante dans la poésie classique

1. En chinois mandarin, il existe quatre tons dont le rôle est aussi déterminant que celui d'une consonne ou d'une voyelle pour différencier une syllabe et un sens. Prenons par exemple la série de syllabes *xue* aux quatre tons : le premier ton lui donne le sens de « botte », au deuxième ton, *xue* signifie « étudier », au troisième ton « neige », au quatrième ton « sang ». Bien entendu, chacun de ces sens est noté par un caractère différent (Grand Larousse universel, Larousse-Bordas, 1997).

chinoise. On peut presque la comparer avec la technique du montage en cinéma : le coursier et la fleur d'abricotier constituant le plan proche, le vent d'automne et la pluie de printemps le plan du milieu, et le nord de la Grande Muraille ainsi que le sud du fleuve Bleu le plan éloigné. L'auteur[1], en utilisant seulement quelques symboles, dessine les paysages et les climats typiques du nord et du sud de la Chine.

Enfin, chaque expression des deux vers a un sens qui va au-delà du terme lui-même, comme par exemple le sud du fleuve Bleu. Bien qu'elle soit une simple expression géographique désignant la région autour de Shanghai, elle a probablement autant de sens pour un Chinois que le mot « Paris » pour un Occidental. Car cette région est depuis mille ans le centre économique et culturel du pays. Combien d'événements, de personnages ont défilé sur cette terre ancestrale ? Ce n'est qu'un ensemble de mots, certes, mais il faudrait lui consacrer un livre entier pour le connaître véritablement. Une

1. Le deuxième vers « Fleur d'abricotier, pluie de printemps et sud du fleuve Bleu » est en réalité le dernier vers d'un poème écrit par Yu Ji (1272-1348). Ce vers est considéré comme l'un de plus beaux vers de la dynastie des Yuan. Le premier vers « Coursier, vent d'automne et nord de la Grande Muraille » est écrit par un anonyme pour former une paire de sentences parallèles, qui depuis lors est devenue plus connue que le poème d'origine.

langue n'est pas comme le langage informatique, universel. Elle est liée à la culture d'un peuple. Par exemple, il se peut que l'expression « très seizième » ne soit pas comprise par des Français de province, car c'est une façon de parler parisienne. Claude Lévi-Strauss évoque même les « incommensurabilités des cultures », « même si l'on a maîtrisé la langue et tous les autres moyens extérieurs de l'approcher ». Selon lui, « à qui n'y est pas né, n'y a pas grandi, n'y a pas été éduqué et instruit, un résidu où se trouve l'essence la plus intime de la culture restera toujours inaccessible[1] ».

Les trois raisons principales développées plus haut nous rappellent que « traduire, c'est trahir ». Y aurait-il des intraduisibles dans d'autres domaines, comme par exemple dans la cuisine ?

Quand un Français boit du thé vert chinois pour la première fois, il trouve en général que cette boisson a un goût d'herbe et une certaine amertume, ce qui va peut-être l'empêcher de découvrir tout l'univers du thé vert. De même, pour un Chinois, l'odeur du fromage peut déjà le décourager, avant même d'avoir goûté. On peut encore citer le vin ou les différents produits dérivés du tofu. Ces aliments seraient-ils intraduisibles d'une culture culinaire à

1. Claude Lévi-Strauss, *L'Autre Face de la Lune*, *op. cit.*

l'autre ? Ce ne sont en effet pas des aliments banals : ils possèdent une grammaire, un vocabulaire, une histoire, des styles, des personnages et des anecdotes… En un mot, ils sont presque aussi complexes qu'une langue. Il faut donc les connaître intimement pour pouvoir les apprécier à leur juste valeur, comme si on apprenait une langue étrangère pour pouvoir apprécier un poème dans toute la subtilité de sa langue d'origine. Si la première expérience de dégustation est un échec et s'il n'y a pas de désir de continuer, passe-t-on inconsciemment à côté d'un trésor ?

Apprendre une langue n'est pas une mince affaire. Qui peut même prétendre connaître toute la richesse de sa langue maternelle ? Ainsi, tant que les scientifiques n'auront pas trouvé comment nous « implanter » une langue dans le cerveau, la traduction aura toujours sa place dans la littérature. Dans la culture culinaire, la *fusion food* (ou la *world food*), très à la mode actuellement, peut-elle être considérée comme une sorte de traduction ou d'espéranto qui viserait à faciliter les échanges d'expériences gustatives de différents pays ? J'ai découvert récemment chez Michel Guérard « Le homard ivre de pêcheurs de lune en carpaccio de printemps », un plat inspiré du « Petit crabe au marc d'alcool de riz », une recette déjà connue au VIIIe siècle en Chine. Le grand chef français a conservé l'esprit de la recette d'origine : le petit crabe y est enfermé vivant dans un pot de terre cuite rempli de marc d'alcool de riz, puis le pot enterré pendant un mois. Mais, dans sa recette, le crabe est remplacé par un homard, le marc d'alcool de riz par de l'eau-de-vie d'Armagnac et le temps de conservation est raccourci à deux heures. Quand je l'ai goûté pour la première fois, je ne pouvais que féliciter le cuisinier pour son génie de transformer des intraduisibles en un poème exquis. L'alcool de riz chinois a un goût particulier pour le palais des Français (il ressemblerait à un sirop contre la toux!) et le homard, plus noble et plus facile à servir, convient mieux à un restaurant trois étoiles. Grâce au talent du grand chef, traduire n'est plus trahir mais transmigrer!

Les légumes de saison

En Chine ancienne, les bandits des zones montagneuses reculées prenaient souvent des groupes de voyageurs en otage. Ils libéraient l'un des otages afin qu'il prévienne toutes les familles pour payer les rançons. Le montant de la rançon dépendait de la situation financière de chaque famille. Plus elle était riche, plus le montant était élevé. Mais comme certains voyageurs fortunés se déguisaient en pauvres pour rester discrets, on disait que les malfaiteurs avaient une astuce pour les démasquer sans faire de longue enquête sur place.

Pendant les repas, les bandits donnaient aux otages des légumes de saison et de la viande. Si un otage commençait d'abord à manger de la viande et non des légumes, c'est qu'il était probablement issu d'une famille pauvre, dans laquelle la viande était chère et donc rare. Si au contraire il commençait par des légumes, c'est qu'il venait sans doute d'une famille aisée. La viande, n'ayant pas de saison, se consommait tout au long de l'année chez les riches, alors que les légumes de saison ne se trouvaient en vente sur les marchés qu'une fois par an et pendant une courte période. Ce détail dans la manière de manger révélait la catégorie sociale des otages, comme le confirme Brillat-Savarin (1755-1826) dans son livre *Physiologie du goût*, « Dis-moi ce que tu manges et je te dirai ce que tu es ».

Mais les empereurs de Chine n'avaient peut-être pas la même chance. En effet, les légumes de saison, d'après certains historiens, figuraient rarement dans les menus impériaux pour une raison surprenante : les cuisiniers craignaient que l'empereur n'y prenne goût et ne désire en manger au beau milieu de l'hiver. S'ils étaient incapables de satisfaire les caprices du souverain, leurs pauvres têtes risquaient de tomber[1]. Il s'agissait donc d'une omission volontaire de leur part. La « censure » peut ainsi venir du bas dès lors qu'on détient le moindre

1. « Au XIIIe et surtout au XIVe siècle, les légumes étaient absents sur les tables nobles et bourgeoises en France. Car le XIIIe siècle était celui de l'urbanisation, les légumes se trouvaient alors associés à la campagne et souffraient d'une image associée à la paysannerie et à la pauvreté » (Marion F. Godfroy-Tayart de Borms et Xavier Dectot, *À la table de l'histoire*, Flammarion, 2011).

pouvoir, selon un phénomène administratif bien connu encore aujourd'hui.

De ce point de vue, nous sommes beaucoup plus favorisés que les riches d'autrefois et même que les empereurs chinois. Au marché, les tomates d'été, les potirons d'automne ou la mâche d'hiver sont présents toute l'année, ou presque. Avec les surgelés, les conserves et les produits tropicaux des supermarchés, on peut pratiquement trouver n'importe quel légume (ou fruit) en toute saison à Paris. Ce serait sûrement le rêve des cuisiniers de la cour impériale. Les saisons, les intempéries ou les aléas de la nature n'existent pratiquement plus pour les consommateurs, comme si une pomme était fabriquée dans une usine. Certains se contentent de cette présence permanente de légumes et de fruits, de *ce plaisir immédiat*, selon le terme de certains écrivains. N'est-il pas agréable de pouvoir consommer des légumes d'été comme les tomates en plein hiver ? Mais, en conséquence, on s'habitue au goût médiocre de ces légumes cultivés hors saison, dont on finit par oublier la vraie saveur, mûrie sous le soleil d'été, sans parler de la perte nutritionnelle ou de la dégradation de l'environnement liées à de telles cultures. Les Français sont fiers de leur vin – un fleuron national –, mais qui pourrait imaginer qu'il soit produit à partir de raisins cultivés en serre, ou de raisins surgelés et importés ? « Le vin, c'est la terre. Le vin, c'est le soleil », comme le dit Louis de Funès dans *L'Aile ou la cuisse*. Paradoxalement, nous acceptons volontiers les tomates, concombres ou haricots verts produits et commercialisés dans les mêmes conditions. Un sage de la Grèce ancienne a dit que « La terre nous fait attendre ses présents à chaque saison ». Aurions-nous perdu notre patience face aux choses de la nature ?

J'ai demandé une fois à Mme Loiseau si elle mangeait tous les jours dans son restaurant trois étoiles. J'ai regretté tout de suite de lui avoir posé cette question, parce que la réponse est évidemment « non ». Elle m'a dit que c'était réservé à de grandes occasions. Si chaque repas est exceptionnel, tôt au tard plus rien ne saurait être exceptionnel. Soyons alors patients et attendons les saisons pour consommer les légumes, car ils sont tous exceptionnels !

Quatre plats et une soupe…

Si un jour vous allez en Chine et qu'un ami vous invite à un banquet pour la première fois, sachez que vous pouvez vous passer de petit déjeuner et même de déjeuner. Si les Chinois sont en général très économes, il y a un domaine où ils perdent tout sens de l'épargne et où ils tombent souvent dans l'excès : les banquets. Qu'il s'agisse de banquets festifs ou officiels, c'est un moment de plaisir et l'occasion de montrer sa générosité. Ce n'est plus une question d'argent. Prenons l'exemple du menu du premier banquet officiel du gouvernement central chinois, le 1er octobre 1949 :

(1) Quatre assiettes froides

1. *Canard à l'osmanthe*
2. *Poulet à l'huile*
3. *Champignons d'hiver aux cerneaux de noix*
4. *Terrine de viande de Zhenjiang*

(2) Huit plats chauds

1. *Canard aux pousses de bambou d'hiver*
2. *Nids d'hirondelle au bol d'argent*
3. *Quatre trésors cuits à l'étouffée*
4. *Gambas frites à sec*
5. *Poulet aux champignons cuits à la vapeur*
6. *Cœurs de choux chinois aux champignons*
7. *Carpe à la sauce de soja*
8. *Tête de lion (boulettes de porc)*

(3) Une soupe

1. *Soupe claire aux nids d'hirondelle*

(4) Quatre collations

1. *Rouleaux de printemps frits*
2. *Brioche à la purée de haricots rouges*
3. *Mille-feuilles*
4. *Fruits*

Si l'on compare ce menu de dix-sept services avec le banquet complet de Man-Han (sino-mandchou) des empereurs de la dynastie des Qing (1644-1911), qui durait trois jours et comportait plus de deux cents plats, c'est déjà une révolution. Mais, par la suite, même ces banquets étaient devenus synonymes de gaspillage et de corruption. Pour lutter contre ce phénomène, l'État a alors exigé que les banquets officiels ne dépassent pas quatre plats et une soupe. Rappelons le menu du ban-

quet des Jeux olympiques de 2008 servi le 8 août aux quatre-vingts chefs d'État pour constater cette évolution :

1. *Assortiment de hors-d'œuvre sous forme de lampion impérial*
2. *Soupe de champignons des pins servie dans un pot de potiron sculpté*
3. *Beefsteak au parfum de lotus*
4. *Légumes de saison aux nids d'hirondelle*
5. *Morue à la sauce*

Ce protocole de quatre plats et une soupe soulève de nombreux débats entre Chinois à propos de leur cuisine, bien qu'ils considèrent, comme les Français, que c'est la meilleure du monde. (J'ai rencontré, pendant l'été 2010, l'un des responsables français de l'Institut Paul Bocuse sur le site de l'Exposition universelle à Shanghai. Il m'a dit que, contrairement à ses quelques expériences dans les restaurants chinois en France, qui étaient apparemment décevantes pour lui, la gastronomie chinoise était *presque* aussi raffinée que la française.) D'autres critiques par exemple reprochent aux banquets chinois de durer trop longtemps, même comparés à ceux des Français. J'ai rencontré récemment les deux grands chefs cuisiniers du palais de l'Élysée qui m'ont affirmé que le temps le plus court pour un dîner présidentiel avait été de dix-sept minutes. (J'en étais tellement étonné que je n'ai pas eu le réflexe de demander des détails !) En dix-sept minutes, les convives en Chine n'ont probablement pas commencé le repas, ils sont encore en train d'échanger des commentaires sur leurs derniers banquets. Ce dîner de dix-sept minutes n'est sûrement pas représentatif. Les Chinois passent probablement autant de temps à table que les Français. Selon une étude du Bureau de la statistique de Pékin en 2009, les Pékinois consacrent une heure quarante-deux minutes aux repas chaque jour, et ce chiffre a augmenté de 40 % en vingt ans.

筷 子

Baguettes

Une autre critique à propos des banquets chinois, c'est leur manque d'hygiène parce que chaque convive pioche dans les plats avec ses propres baguettes. Pour cette raison, on met désormais dans chaque plat une cuillère de service. Les banquets d'État chinois ont déjà adopté le service occidental, à l'assiette. Peut-être qu'un jour les

Chinois adopteront définitivement cette manière de faire, de la même façon que les Français ont réformé leur service de table en s'inspirant du service russe, au XIXe siècle[1].

---

1. On peut comparer les deux menus chinois cités dans ce texte avec deux autres menus, l'un pour une table de dix couverts à souper proposé par Menon dans *La Cuisinière bourgeoise*, 1746, p. 14-15, et l'autre pour le dîner de l'empereur chinois Qianlong (1711-1799) :

MENU POUR UNE TABLE DE DIX COUVERTS À SOUPER PROPOSÉ PAR MENON (1746)

Premier service

1 potage pour le milieu, si vous le jugez à propos/1 pièce de viande de boucherie à la broche, pour relever le potage

2 entrées, 2 hors-d'œuvre : 1 entrée d'une tourte de godiveau /1 d'une poularde entre deux plats

1 hors-d'œuvre d'un lapin à la purée de lentilles/1 hors-d'œuvre de trois langues de mouton en papillote

Second service

2 plats de rôt, 3 plats d'entremets

1 de deux petits lapereaux/1 de deux poulets à la reine pour le milieu

1 entremets de petits gâteaux/1 de petits pois /1 de crème gratinée

Troisième service

Fruit

7 assiettes de fruits

1 jatte de gaufres pour le milieu /1 assiette de fraises /1 de compote de cerises /1 de crème fouettée /2 assiettes de confitures différentes

(*in* Florent Quellier, *La Table des Français*, Presses universitaires de Rennes, 2007.)

Mais une réforme ne passe jamais facilement en Chine, comme en France, toutes deux sociétés de tradition. Ainsi, peu après l'instauration du

---

MENU POUR LE DÎNER DE L'EMPEREUR QIANLONG
LE 16 JANVIER 1769

Nids d'hirondelle braisés au canard
Choux blancs pochés à l'huile
Potage de poulet gras au fromage de soja servi dans un bol au motif des Cinq Bonheurs
Canard sauvage croustillant à la crème
Boulette de viande, jambonneau de porc émincé et tripes de porc fumé servis dans un bol jaune
Épinards sautés aux crevettes séchées
Poulet gras et chevreuil cuit à la vapeur
Petits pains farcis à la viande de porc
Petits pains vapeur « œil d'éléphant »
Petites pâtisseries d'offrandes
Légumes salés présentés dans une boîte d'émaux cloisonnés au motif de fleurs de tournesol
Légumes saumurés
Riz rond servi dans un bol au motif des Cinq Céréales

Auxquels s'ajoutent sept tables de mets en réserve pour satisfaire l'appétit de l'empereur.

Table n° 1 : huit sortes de mets à base de produits laitiers, trois sortes de bobos (petits pains cuits à la vapeur), un bol de légumes

Table n° 2 : deux sortes de mets à base de produits laitiers, quinze sortes de bobos dont quatre cuits au four

Table n° 3 : dix sortes de nourritures cuites au four

Table n° 4 et 5 : huit sortes de viandes

Table n° 6 et 7 : assiette de viande de mouton

(*in* William Chan Tat Chuen,
À la table de l'empereur de Chine,
Éditions Philippe Picquier, 2007.)

protocole de quatre plats et une soupe, il semblerait que certains banquets officiels aient servi de grandes assiettes... capables de contenir plusieurs plats. Il n'y avait donc, conformément à la règle, que quatre assiettes sur la table, mais la tradition persistait.

À table…

Si la cuisine chinoise est bien connue en France grâce aux nombreux restaurants et traiteurs asiatiques qui y sont établis depuis des décennies, on connaît mal la manière dont les Chinois prennent leurs repas au restaurant ou à la maison. Inversement, la plupart des Chinois n'ont jamais eu l'occasion de manger dans un restaurant français, la cuisine et la politesse françaises leur sont encore inconnues[1]. On peut voir des scènes de table dans certains films comme *Épouses et concubines*, mais on n'y prête pas nécessairement attention. Ces films ne peuvent pas non plus nous montrer toute la politesse délicate à table. Or ces détails de la vie quotidienne sont souvent les plus révélateurs de la mentalité d'un peuple.

---

1. Mon prochain livre sera donc un guide culturel sur la gastronomie et l'art de la table à la française pour les touristes chinois !

Un repas familial chinois est composé de plusieurs plats : légumes, viandes, poissons et une soupe. Ils sont placés au centre de la table autour de laquelle s'assoit toute la famille. Chacun pioche dans les plats avec ses baguettes. En accompagnement, c'est généralement un bol de riz nature qu'on peut tenir dans la main. Si c'est un repas entre amis au restaurant, chacun choisit un ou plusieurs plats selon ses désirs. Ensuite on partage les plats comme à la maison. La seule différence, c'est que le riz est servi dès le début du repas à la maison. Au restaurant, ce sont les boissons (alcool, sodas ou jus de fruits) qui sont servies en premier. Le riz n'arrive sur la table qu'aux deux tiers du repas et on s'en passe très souvent, car les plats sont généralement plus nombreux que dans un repas familial et qu'on est déjà rassasié.

À première vue, cette façon de manger n'a rien d'extraordinaire si on la compare aux habitudes françaises, qui consistent à présenter les plats dans des portions individualisées. On mange tous la même chose à la maison et chacun choisit des plats à son goût au restaurant. Mais si on examine en détail la pratique chinoise, plusieurs constatations retiennent notre attention, même si certaines règles sont les mêmes qu'en France.

• Quand une personne est absente à un repas important, par exemple lorsqu'un membre de la famille est empêché de rentrer pour le réveillon du nouvel an chinois, le dîner le plus important de l'année, on peut mettre une paire de baguettes et un bol sur la table à sa place, pour signifier qu'on ne l'oublie pas.

• En général, c'est la personne la plus âgée ou le maître de la maison qui commence le repas en annonçant «*chifanba*» (mangeons !) ou en invitant les autres convives à prendre leurs baguettes.

• Pendant le repas, avant de tendre ses baguettes pour piocher dans un nouveau plat, il faut d'abord observer si les autres convives ont la même intention. Par conséquent, il faut attendre que les autres soient d'abord servis, mais sans montrer que vous attendez, sinon, on le prendrait comme un signe que vous faites pression sur l'autre pour entamer un plat. Vous pouvez bien sûr vous servir dans les autres plats en attendant.

• Quand vous voulez piocher dans un plat, il faut que les pointes de vos baguettes visent déjà un morceau dès qu'elles arrivent près du plat. La moindre hésitation sera interprétée comme le choix du meilleur morceau, ce qui serait très incorrect.

• Vous devez prendre uniquement un morceau, que vous allez manger tout de suite. Il ne faut pas en prendre plusieurs pour « les mettre en réserve » dans votre bol. Il est aussi apprécié de proposer et de servir de temps en temps les plats à votre portée aux convives attablés en face, parce qu'ils sont peut-être trop éloignés pour se servir. Quand il reste deux morceaux dans une assiette devant vous, un petit morceau et un gros, la politesse commande de prendre le petit. Enfin, quand il n'en reste plus qu'un seul, c'est la même politesse qu'en France : il faut d'abord le proposer aux autres avant de s'en emparer.

• Si un plat est visiblement plus apprécié que les autres, il ne faut pas en manger de trop afin d'en laisser aux autres convives. Dans l'éducation chinoise, les enfants, dès qu'ils sont autorisés à manger avec les adultes, sont invités à ne pas manger seulement les plats qui leur plaisent. Par ailleurs, si un plat n'est pas très demandé, il faut tout de même en prendre quelques morceaux pour ne pas gaspiller.

• Dans le cas de plats de crevettes ou de crabes, il sera bien vu de servir les personnes âgées après avoir décortiqué les crustacés.

• Dans un repas familial, c'est une pratique courante (même pour les adultes) de tenir son bol de riz près de la bouche.

• Pincez de la nourriture avec les baguettes et n'essayez pas de la percer en cas de difficulté, surtout dans un banquet. Si vous maniez difficilement les baguettes, gardez-les dans la main droite et utilisez la cuillère de la main gauche.

• Si vous ne mangez pas, posez vos baguettes sur la table, surtout quand vous voulez prendre votre verre pour boire ou prendre la parole. N'ayez jamais le verre à la main gauche et les baguettes à la main droite en même temps. Cela pourrait être interprété comme de la gloutonnerie.

• S'agissant d'un repas pris au restaurant, il faut faire en sorte que le plat que vous choisissez plaise aux autres convives, car vous le partagerez. Au moment de payer l'addition, on doit aussi manifester l'intention de régler pour les autres convives, même si on ne l'a pas en réalité.

Quelle morale peut-on tirer de ces observations ? Dans un repas français, les plats sont d'une manière générale partagés et distribués par une tierce personne, qui fait le service. Dans le cas chinois, les plats sont d'abord placés au centre de la table et ensuite partagés. En conséquence, dans un repas chinois, chacun doit, du début jusqu'à la fin, prendre en considération les autres convives et contrôler son désir, contrairement à la pratique française de partager la nourriture en début de repas. On peut sans doute résumer cette politesse chinoise d'une formule : donner la priorité aux autres et leur laisser les meilleurs morceaux pendant tout le repas. En un mot, c'est plus une sorte d'*altruisme* qui se manifeste dans un repas familial chinois que l'*égalitarisme* qu'on observe dans un repas familial français, ou l'*individualisme* qui prévaut à l'occasion d'un buffet ou d'un repas au restaurant français. Si les Français sont parfois choqués par la manière de manger peu élégante de certains Chinois, c'est parce que la politesse chinoise à table consiste essentiellement à montrer comment partager la nourriture, tandis que la manière française a pour but de créer une atmosphère agréable pendant le repas.

Mais cette générosité chinoise s'applique uniquement à table, quand les membres d'une même famille, amis ou convives y sont réunis. Il ne faut donc pas s'étonner de voir dans les lieux publics que les Chinois jouent très souvent « chacun pour soi », quand on est entre inconnus. Dans les années 1990, le buffet a fait son apparition dans les restaurants des grandes villes chinoises (comme par exemple le buffet à volonté à 39 yuans, soit 5 euros). La presse critiquait souvent les comportements de certains clients qui prenaient trop de nourriture sans pouvoir finir. Il y a deux raisons à cela : tout d'abord, les Chinois venaient de sortir d'une économie de pénurie, ensuite, cette façon de partager la nourriture avec des inconnus leur était tout à fait inédite. Ils étaient donc un peu perdus et ne savaient plus comment se comporter. L'individualisme sans contrôle pendant un buffet était devenu de l'égoïsme, un retour à « la loi de la jungle[1] ». Mais cette attitude a disparu avec l'évolution de la société.

On dit souvent que dans la culture traditionnelle chinoise, la collectivité prime sur l'individu[2]. Peut-on alors considérer que les repas pris ensemble par les Chinois sont une sorte d'exercice de l'esprit communautaire, dans lequel il faut toujours prendre en considération ses voisins de table ?

---

1. Michel Onfray, *La Raison gourmande*, coll. « Figures », Grasset, 1995.

2. Tous les enfants chinois connaissent l'histoire des dix paires de baguettes : Un jour, un père très malade sentit venir la fin de ses jours. Il fit venir devant son lit ses dix fils, qui ne s'entendaient pas très bien. Le père demanda alors à l'un d'eux de plier une paire de baguettes. Le fils ne comprit pas immédiatement l'intention de son père. Il obéit cependant et les baguettes furent pliées en deux. Le père lui demanda ensuite de faire de même avec les dix paires de baguettes. Bien évidemment, le fils ne parvint pas cette fois-ci à les casser. À ce moment-là, le fils aîné dit au père : « Nous avons compris ce que vous vouliez dire par là. C'est l'union qui fait la force. Nous serons tous unis comme ces dix paires de baguettes à tout jamais. »

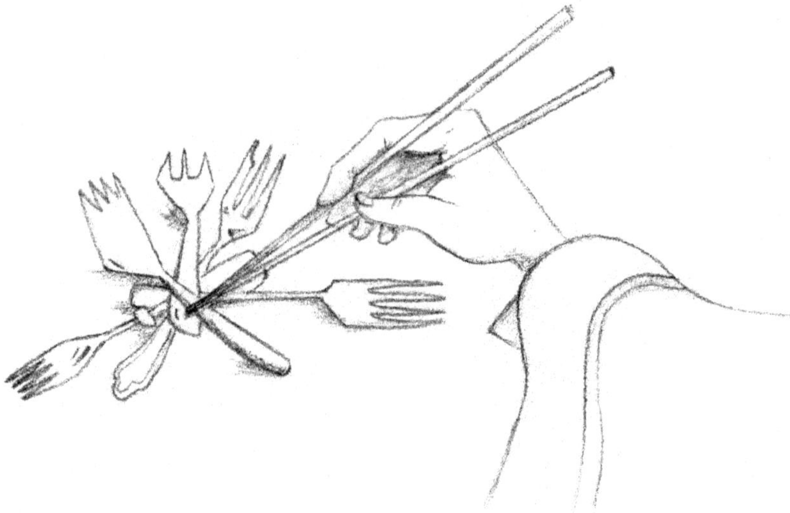

Les baguettes chinoises et le couvert français

Un Chinois, invité pour la première fois à un repas français, sera probablement très impressionné du défilé de toutes sortes de couteaux, de fourchettes, d'assiettes et de verres sur la table. Chaque objet est destiné à un usage précis. On ne doit jamais confondre un couteau à poisson avec un couteau à viande, le verre à vin avec le verre à eau. Cela fait partie de l'art de la table à la française. On trouve d'ailleurs dans les librairies de nombreux ouvrages consacrés à cet art de vivre. Mais dans un banquet chinois, on ne verra pas une telle spécialisation de couverts. Les verres, couverts ou baguettes utilisés dans un grand restaurant à Pékin ne diffèrent guère de ceux d'un petit restaurant chinois à Paris. Seule la qualité des objets varie. La gastronomie chinoise a au moins trois mille ans d'histoire écrite, et les Chinois aussi sont amoureux des belles choses. Pourquoi n'ont-ils pas inventé différentes sortes de baguettes spécialisées pour le riz, le poisson ou la viande ? Même pour le service à thé en Chine, on ne trouve pas une variété de tasses comparable à celle des verres pour le vin français. Dans les années 1950, un service de verres pouvait comprendre jusqu'à soixante-douze verres, classés en quatre catégories selon leur usage. Il semblerait que chaque région de France ait son propre verre pour déguster le vin local[1]. Comment expliquer cette différence entre les baguettes chinoises et les couverts français ? Est-ce le hasard de l'Histoire ou existe-t-il d'autres raisons ?

La première raison, c'est que la France est un pays capitaliste et industrialisé depuis plus longtemps que la Chine. À mon arrivée, une chose a marqué mon esprit : quand il existe un besoin, aussi minuscule soit-il, on trouve toujours un produit ou un service à vendre pour le satisfaire. Comme, par exemple, les marqueurs autocollants de différentes couleurs pour baliser la lecture d'un livre. La spécialisation des couverts en France entre dans la logique du capitalisme : on transforme chaque besoin en un produit ou un service marchand.

---

1. Sylvie Gauthier, *Du bon usage d'être à table*, Éditions Alternatives, 2009.

Mais il existe certainement une autre raison plus importante à laquelle on ne pense pas toujours. On peut dire que les Chinois étaient de grands inventeurs dans l'histoire de l'humanité, au moins jusqu'au XVe siècle. Les baguettes, la porcelaine, le papier, la boussole et la poudre à canon... tous ces objets inventés par les Chinois sont encore en usage aujourd'hui. Mais cette apparence nous fait souvent négliger une tradition millénaire : attacher plus d'importance au tao qu'au qi. Le tao, ce sont les principes, les règles ou les théories fondamentales qui commandent le fonctionnement de notre univers. Le qi, ce sont les objets, les techniques ou les systèmes concrets du monde. Ces deux concepts trouvent leurs origines dans l'œuvre du philosophe Lao-tseu : « Quand la simplicité parfaite (tao) s'est répandue, elle a engendré toute chose (qi). »

Pour mieux comprendre la relation entre tao et qi, résumons l'histoire du chevalier errant surnommé « Grand solitaire cherchant la défaite » dans le roman de cape et d'épée *Le Sabre céleste et l'épée du dragon*, de Jin Yong, l'écrivain le plus emblématique de ce genre en Chine. Le héros a connu successivement quatre étapes dans son apprentissage de l'escrime. À vingt ans, il utilisait une épée tranchante à laquelle aucun objet ne résistait. À trente ans, il avait une épée souple, qu'il a ensuite remplacée par une épée lourde et émoussée. Mais à l'âge de quarante ans, il ne portait plus d'épée du tout car toute chose, une branche d'arbre, une tige de bambou ou même une pierre pouvait lui servir d'arme. Il avait enfin atteint le niveau suprême du kung-fu : « Sans épée vaut mieux que l'épée[1]. » En réalité, aucun escrimeur ne peut se passer de sa rapière, mais cette histoire illustre parfaitement la préférence des Chinois pour le tao (les principes) par rapport au qi (les objets concrets). Dans l'histoire du « grand solitaire », le tao est l'art martial ; le qi, l'épée. Si un escrimeur mettait trop d'attention à la performance de son arme, il deviendrait prisonnier de son objet et ne pourrait probablement jamais être un grand maître du kung-fu. C'est

---

1. L'histoire du « grand solitaire » est sans doute inspirée de l'anecdote du boucher Ding dans l'ouvrage du philosophe Zhuangzi (369-286 av. J.-C.) :

« Le boucher du prince Hui de Liang dépeçait un bœuf. Sans effort, méthodiquement, comme en mesure, son couteau détachait la peau, tranchait les chairs, disjoignait les articulations.

– Vous êtes vraiment habile, lui dit le prince, qui le regardait faire.

– Tout mon art, répondit le boucher, consiste à n'envisager que le principe du découpage. Quand je débutais, je pensais au bœuf. Après trois ans d'exercice, je commençais à oublier l'objet. Maintenant quand je découpe, je n'ai plus en esprit que le principe. Mes sens n'agissent plus. Seule ma volonté est active. »

Traduction de Léon Wieger S.J. Il faut donc non seulement oublier son couteau, mais aussi le bœuf qu'il dépèce et ne garder que le principe (le tao).

seulement en cherchant la perfection intérieure et en se détachant du monde matériel qu'on peut accéder à la liberté absolue. Imaginons un Chinois qui utiliserait différentes tasses pour déguster différents types de thés, ses compatriotes penseraient probablement qu'il a un esprit étroit, attachant trop d'importance aux objets (qi) et pas suffisamment à l'art du thé (tao). La mise en scène des couverts dans un banquet français est certes très jolie pour un invité chinois, mais il éprouverait sans doute une sorte de malaise, comme lors des fastueux repas du roi Louis XIV à Versailles à travers lesquels il imposait son autorité à ses sujets. La spécialisation des baguettes pour le riz, le poisson ou la viande aurait donc été considérée non pas comme une innovation, mais au contraire comme une exagération inutile et prétentieuse.

Dans le roman de Jin Yong, le héros doit aller jusqu'à abandonner l'objet pour se procurer le tao de l'escrime. Cependant, d'un point de vue confucéen, l'escrime, ou plus généralement l'art martial, la cuisine promue au rang d'art en France, ainsi que tous les autres métiers n'étaient pas considérés comme le véritable tao. Ils étaient tout au plus des « petits tao » auxquels les hommes de bien ne doivent pas attacher d'importance. Zixia, l'un des disciples de Confucius, a dit : « Les petits tao (les métiers, les arts, etc.), même les plus humbles, ne sont nullement à mépriser. Mais si quelqu'un les exerçait en vue de plus grandes choses, cette occupation lui serait peut-être un obstacle. C'est pour cette raison que le sage n'exerce pas ces métiers[1].» La spécialisation empêcherait un sage d'avoir une vision globale sur les choses. Par exemple, pendant plus de deux millénaires, seulement deux livres de technique sur les métiers de l'architecture auraient vu le jour, selon l'historien chinois Liang Sicheng (1901-1972), ce qui est très peu par rapport à la quantité phénoménale d'ouvrages sur le confucianisme. «L'apprentissage d'une moitié de l'ouvrage de Confucius permet de bien gouverner le monde.» Cette maxime, qui peut apparaître absurde aujourd'hui, n'était qu'un reflet de la mentalité des lettrés chinois d'autrefois : seul le confucianisme, le grand tao, pouvait apporter les bonnes solutions à toute chose.

Si ces métiers n'étaient pas valorisés par les élites chinoises, il n'est donc pas étonnant de constater que les innovations technologiques étaient sous-estimées, bien qu'elles soient importantes et nombreuses. Certaines d'entre elles étaient même qualifiées «d'artifices étranges et d'inventions

1. *Les Quatre Livres III, Les Entretiens de Confucius et de ses disciples, op. cit.*

extravagantes », alors qu'en Occident, à partir du XVIIe siècle, la science et la technologie sont devenues le principal moteur du progrès de la société. Comme le démontre une lettre de l'empereur chinois Jiaqing (1760-1820) au roi d'Angleterre : « La Cour céleste ne tient pas pour précieux les objets venus de loin, et toutes les choses curieuses et ingénieuses de ton royaume ne peuvent non plus être considérées comme ayant une rare valeur[1]. » Certains historiens chinois pensent que la Chine aurait manqué ainsi le rendez-vous de la modernisation et de l'ouverture sur le monde extérieur, avec de graves conséquences : une succession de défaites humiliantes face aux Occidentaux et aux Japonais pendant la période allant de la première guerre de l'opium jusqu'à la Seconde Guerre mondiale.

J'ai souvenir d'avoir accompagné un ami chinois arrivant pour la première fois en France et d'avoir visité avec lui un supermarché. Il était enseignant dans une école primaire en Chine. Lorsque nous sommes passés devant le rayon des fournitures scolaires, j'ai été très surpris de sa réaction devant les centaines de références de stylos, de cahiers,

1. Jean Chesneaux (dir.), Marianne Bastid, *Histoire de la Chine. 1. Des guerres de l'opium à la guerre franco-chinoise (1840-1885)*, Hatier Université, 1969.

de règles, etc. Si je pensais que toute cette diversité pouvait aider les élèves à mieux travailler, lui était plutôt d'un avis négatif : « Avec tous ces gadgets, les enfants vont se disperser et perdre du temps en classe. » Sa remarque est probablement le reflet de la tradition d'attacher plus d'importance au tao qu'au qi. C'est sans doute aussi pour cette raison que les Chinois utilisent toujours les mêmes baguettes depuis trois mille ans.

Le menu de dégustation

« C'est du chinois.» Les Français utilisent cette expression pour décrire quelque chose d'incompréhensible (et les Chinois disent « c'est le livre du Ciel »). Mais si l'on connaît le système d'écriture chinois, on se rendra compte qu'il n'est pas si compliqué. C'est une écriture idéographique dont beaucoup de caractères sont des pictogrammes. Par exemple, le caractère *arbre* est représenté par un trait vertical désignant le tronc, traversé par deux traits, en haut pour les branches et en bas pour les racines (sa forme actuelle est 木). Et trois arbres forment un nouveau caractère : *la forêt* (森). Un autre exemple, un carré (口) signifie la bouche ou une bouchée, et trois carrés forment le verbe *déguster* (品). La multiplicité ici ne

Arbre

Forêt

désigne pas exactement le chiffre trois, elle signifie *nombreux*. La plus ancienne forme de l'écriture chinoise s'appelle le *jiaguwen* (甲骨文) et concerne les inscriptions gravées sur les carapaces de tortue et les os d'animaux, sous la dynastie des Shang, il y a trois à quatre mille ans. Aujourd'hui encore, cette écriture ne cesse de nous révéler son intelligence, comme dans ce caractère 品 (*déguster*).

Bouche, bouchée *Déguster*

C'est en goûtant le menu de dégustation dans un grand restaurant français que j'ai réfléchi à ce qui précède. Ces menus, proposés par tous les restaurants gastronomiques, sont composés de trois à sept services. Pour une raison de coût, chaque plat est servi en portion inférieure à celui de la carte. Mais sa part est souvent si minuscule, comme un petit amuse-bouche, que l'on peut l'avaler en une ou deux bouchées. Même si ce sont les amuse-bouche les plus délicieux du monde, ils sont gobés en un clin d'œil. Je ne peux revivre cette sensation que dans ma mémoire. À la fin du repas, j'ai donc souvent une petite frustration. Un ami m'a prévenu : il faut prévoir un bon bol de soupe de nouilles après un tel repas ! Pourquoi cette insatisfaction ? Existe-t-il une raison physiologique ?

Quand un mets est présent sur la table, nous l'apprécions d'abord par les yeux, ensuite par le nez. Une fois l'aliment dans la bouche, tous les récepteurs sensoriels de la langue, du nez, des dents et du palais se mettent à travailler. On ignore souvent une étape primordiale : les particules odorantes dégagées par l'aliment et perçues par notre sens olfactif pendant la mastication et la déglutition sont responsables à 90 % du « goût ». Peut-on aller jusqu'à dire que c'est le nez et non pas la bouche qui goûte ? Toutes les caractéristiques de l'aliment sont traduites par les récepteurs en signaux électriques et transmises au cerveau. Ce dernier analyse ces informations, les compare avec celles de notre mémoire et nous fournit en dernière étape « une image de l'aliment[1] ». Si la sensation est agréable, on aimerait qu'elle se prolonge un certain temps. Tout cela nécessite donc une consistance minimale du plat, c'est-à-dire un temps suffisant pendant lequel la nourriture et les molécules qu'elle dégage restent pleinement en contact avec nos organes de

1. Certaines de ces analyses sur le mécanisme de « goûter » sont en partie inspirées du dossier enseignant « À table – Le sens du goût », Cap Sciences 2004, *www.cap-sciences.net.*

perception. Sans cela, vous goûtez un plat, mais vous ne le dégustez pas. C'est un peu comme si vous faisiez l'amour avec la plus belle créature du monde, mais seulement pendant deux minutes. Vous auriez sans doute plus de regrets qu'autre chose.

Existait-il des menus de dégustation à l'époque des Shang en Chine ? Assurément non. Mais, au moins, la personne à l'origine du caractère *déguster* (品) avait probablement déjà compris son mécanisme : plusieurs petites bouchées.

La mentalité du paysan chinois

Qian Zhongshu, l'un des plus grands écrivains chinois du XXe siècle, répondait au téléphone à une admiratrice britannique qui sollicitait une visite : « Si vous avez mangé un œuf et que vous l'avez trouvé délicieux, il n'est sans doute pas utile de rencontrer la poule qui l'a pondu. » J'achète toujours les mêmes marques d'œufs au supermarché, sans jamais me souvenir de ces marques, et je n'ai pas du tout envie de connaître leurs poules pondeuses. Mais, si j'ose comparer les grands cuisiniers français à des poules, leur cas est tout à fait différent : nous n'avons pour la plupart probablement jamais eu l'occasion de manger dans des restaurants gastronomiques, mais certains noms, comme ceux de Paul Bocuse, Alain Ducasse et Michel Guérard, sont presque aussi connus que ceux des monuments historiques. Ce ne sont plus leurs plats que l'on consomme, mais leur notoriété. Ces grands chefs ne sont-ils pas tout à la fois des poules qui pondent de bons œufs et des coqs qui savent chanter ?

En effet, grâce à la puissance des médias occidentaux, la réputation de ces chefs de la gastronomie dépasse la frontière de l'Hexagone et se propage aux quatre coins du monde. Jusqu'en Chine : la cuisine française est réservée à une minorité élitiste, mais elle jouit d'une réputation sans égale parmi la population chinoise grâce à la presse locale et internationale. Les médias français parlent souvent de l'excédent de la balance commerciale chinoise, mais, dans le domaine culturel, c'est plutôt la France qui garde une longueur d'avance.

Ce mode de diffusion est très différent de celui de la cuisine chinoise, qui établit sa notoriété par le biais des milliers de restaurants chinois ouverts par la diaspora dans le monde entier. Qui en France n'a pas mangé au moins une fois chez un traiteur ou dans un restaurant chinois ? Quand je suis arrivé en France, j'ai été très frappé par le nombre de traiteurs chinois. On dit que les Français sont les champions de la consommation de médicaments, et qu'on trouve des pharmacies partout. Mais il me semble bien qu'il y a autant de restaurants et traiteurs chinois que de pharmacies, au moins dans mon quartier. À vrai dire, j'en étais fier à cette époque. Parce que la France est un grand pays gastronomique. S'il y avait tant de restaurants chinois, c'était parce que la cuisine chinoise avait conquis les Français, ou bien au moins qu'elle avait trouvé sa place en France. Mais petit à petit j'ai découvert que la réalité n'est pas toujours ce qu'on imagine…

Le premier choc fut une émission spéciale sur la cuisine chinoise de la chaîne Cuisine TV il y a neuf ans, à laquelle participait Fung Chin Chen, le premier chef étoilé d'origine chinoise en France à l'époque. Un invité français a alors qualifié les restaurants chinois en France de « pas chers, mais de qualité médiocre ». C'était la première fois que j'entendais un commentaire aussi négatif sur la cuisine chinoise, qui est l'un des symboles forts de la civilisation chinoise, au même titre que la Grande Muraille de Chine ou les quatre grandes inventions chinoises (la boussole, l'imprimerie, le papier et la poudre à canon). Imaginez la réaction d'un Français si un touriste chinois lui disait que Versailles était trop petit et qu'il n'y avait pas grand-chose à voir ! J'ai donc demandé à un gastronome français, également connaisseur de la Chine, si c'était un avis partagé ou personnel. À ma surprise, il était plutôt d'accord. Selon lui, si on faisait un classement des restaurants étrangers en France, en bas de l'échelle se trouve le kebab, ensuite le fast-food comme KFC ou Quick, les restaurants et traiteurs chinois viennent juste après ; la cuisine japonaise et la pizza italienne sont même au-dessus de la cuisine chinoise. Une seule consolation pour moi : ce gastronome français et une autre invitée de l'émission ayant vécu longtemps en Chine ont insisté sur un fait : la vraie cuisine chinoise en Chine n'a rien à voir avec celle que l'on connaît dans les restaurants chinois en France. Ils trouvaient même scandaleux que certains restaurants puissent porter un nom chinois.

Depuis, j'ai testé de nombreux restaurants chinois à Paris et, malheureusement, je n'ai pu que confirmer leurs impressions. Pendant plus de dix ans à Paris, je n'ai trouvé que deux ou trois restaurants chinois authentiques[1]. J'ai essayé de comprendre les raisons de ma déception. Laurent Long, un sinologue, a expliqué que les premiers restaurants ouverts en France l'ont été par des Chinois du Sud, ou par ceux de l'ancienne Indochine fran-

1. Voici une liste personnelle et non exhaustive de quelques bons restaurants chinois à Paris : Shang Palace (chic et cher) a obtenu une étoile dans le Guide Michelin en 2012 ; les Pâtes vivantes (cuisine populaire) pour leur spécialité de nouilles façonnées sur place, à la main ; Shan Goût (cuisine chinoise à la française).

çaise. Ensuite, tous les Chinois venus d'ailleurs se sont sentis obligés de suivre ces habitudes culinaires, même si elles ne représentent qu'une toute petite partie du pays. Leur cuisine est souvent mêlée de plats vietnamiens ou thaïlandais, parfois francisée comme la salade à base de germes de soja, qui ne sont jamais servis crus en Chine. Ces restaurants ne sont bien souvent qu'un moyen de survivre : rares sont ceux qui ont un chef digne de ce nom[1] (sauf quelques exceptions, comme le défunt chef Chen). J'ai discuté récemment avec Massimo Mori, un restaurateur italien à Paris, qui m'a confirmé que ce phénomène existe aussi dans beaucoup de restaurants italiens à l'étranger : il s'agit souvent d'entreprises familiales, dans lesquelles les employés sont des cousins, des amis qui n'ont jamais reçu de formation professionnelle.

On pourrait ajouter une autre raison : *la mentalité de petit paysan* des Chinois, souvent critiquée en Chine mais qu'on ne connaît sans doute pas assez en France. C'est un sujet complexe dont on peut avoir une idée générale à travers une expression populaire : «Trois *mu* (1/15 d'hectare) de terrain, un bœuf de trait ; femme, enfants et lit douillet» (三亩地，一头牛，老婆孩子热炕头). Cette phrase,

1. Laurent Long, *La Porte des bienséances : Guide des usages dans la Chine d'aujourd'hui*, Éditions You Feng, Paris, 1997.

qui décrit la vie idéale aux yeux des paysans chinois d'autrefois, est courte et un peu caricaturale, mais elle reflète bien la mentalité des paysans chinois, voire celle de tous les Chinois, car plus de la moitié de la population vit encore aujourd'hui dans les campagnes. Les autres ne sont devenus citadins que depuis deux ou trois générations, ce pourcentage s'élevait à 90 % dans les années 1950.

Trois mu *de terrain et un bœuf.* Le bonheur pour un paysan chinois reposait sur son travail honnête. Il ne rêvait pas nécessairement d'une vie de rentier, mais simplement des moyens d'assurer la subsistance de sa famille, avec un peu de bénéfice pour passer le nouvel an. C'était un système autarcique sur le plan économique. Comme le dit une autre expression populaire : « Élever un bœuf pour labourer la terre, des poules pour échanger du sel, un cochon pour passer le nouvel an. »

Il ne souhaitait pas non plus posséder des milliers de *mu* de terrain et des centaines de bœufs pour augmenter sa production et sa richesse, car cela aurait nécessité toute une organisation de travail qu'il méconnaissait, et qui aurait probablement mis en péril sa vie paisible de paysan. Il ne souhaitait pas prendre de risques et aspirait seulement à être le maître de son domaine.

Ma femme et mes enfants. C'était la famille, et non l'individu, qui était au centre de la vie d'un paysan chinois. Ce centre comprenait ses parents, grands-parents, sa femme, ses enfants (notamment ses fils, car ses filles feraient plus tard partie des familles de leurs maris), c'est-à-dire le premier cercle. Ensuite les autres membres de la famille, oncles, tantes, beaux-parents, ainsi que son clan, constituaient le deuxième cercle. Le troisième cercle était composé de ses voisins, amis, ou encore des habitants de son village. On pouvait encore élargir aux habitants de sa région, de sa province, etc. Même les ressortissants chinois en France ont gardé cette tradition. Beaucoup de leurs associations en France sont regroupées selon leur origine géographique. Prenez l'exemple des associations participant au défilé du nouvel an chinois à Paris, en 2003 : au moins vingt et une sur un total de soixante affichaient une identité locale chinoise. On aurait du mal à imaginer que les expatriés français en Chine créent des associations en fonction de leur département d'origine !

Tout cela évoque les qualités des paysans chinois : travail, ténacité, solidarité, humanisme, prudence, sens de l'épargne et discrétion. Mais leurs défauts sont aussi évidents que ces qualités : *la mentalité du petit paysan* les rendrait aveugles à la société. Ce qui est en dehors de la famille n'existerait pas pour eux ; ils ne voient que leur famille et leurs trois *mu* de terrain. «Toutes leurs valeurs étaient basées sur les liens de parenté, ce qui amenait souvent à un jugement à double critère. Les lois, la moralité professionnelle étaient difficilement applicables[1].»

Les activités agricoles étaient basées sur leurs propres expériences ou sur celles de leurs parents. Tout développement, toute innovation technologique leur paraissaient douteux, étranges. Ils n'intervenaient pas dans les affaires des autres, ils ne souhaitaient pas que les autres se mêlent de leurs propres affaires. Ils étaient souvent enfermés dans un monde dont ils étaient les maîtres. L'économie d'autosuffisance devenait une sorte d'autosatisfaction. J'ai eu l'occasion de m'entretenir avec Adeline Grattard, une jeune chef française étoilée qui a travaillé plusieurs mois dans un restaurant chinois à Zhongshan. C'était un stage très enrichissant, mais son seul grand regret, c'est que, durant son séjour, aucun cuisinier du restaurant ne soit venu lui poser des questions sur ce qu'elle faisait en France, pourquoi elle était là, ce qu'elle pensait de la cuisine

1. Yuan Yinchuan, *La Mentalité du petit paysan et la modernisation de la Chine*, Éditions de Wuhan, 2000.

chinoise, etc. En un mot, le monde extérieur ne les intéressait pas !

Ces paysans n'avaient pas l'habitude ni l'ambition de faire des projets à long terme, ou de prendre la tête d'un mouvement quel qu'il soit, car cela aurait signifié prendre des risques. Leur seule ambition était de travailler sur trois *mu* de terrain et d'avoir une vie familiale tranquille, avec un peu de confort, un *lit douillet*.

« On peut transformer facilement la Nature, mais difficilement la nature d'un homme », comme le dit un proverbe chinois. Cette mentalité de petit paysan est encore bien présente chez les Chinois, y compris ceux qui vivent à l'étranger depuis fort longtemps. Pourtant un vieux proverbe dit : « Qui passe une frontière doit s'enquérir des interdits, qui arrive dans un pays doit s'informer des coutumes[1]. » Du moins est-ce ce que préconise la brochure du défilé du nouvel an chinois de 2003 ! Le premier restaurant chinois a fait son apparition en France il y a plus de cent ans, mais la majorité d'entre eux restent fondés sur le modèle familial. On trouve rarement des chaînes chinoises de restauration rapide ou des groupes hôteliers. Dans le haut de gamme, il n'y a que deux ou trois chefs d'origine

1. Laurent Long, *La Porte des bienséances : Guide des usages dans la Chine d'aujourd'hui*, *op.cit.*

chinoise connus à Paris. Tandis qu'on compte au moins une dizaine de chefs japonais réputés dans la capitale. Edouard Cointreau, président du World Cookbook Award, m'a confirmé récemment que quelques dizaines au moins de restaurants en Chine mériteraient trois macarons, du moins pour leur cuisine. Les cartes des restaurants chinois à Paris proposent toujours les mêmes plats, alors que « la cuisine chinoise est sans équivalent par son extraordinaire variété et ses qualités diététiques[1] ». Avec les scandales sanitaires liés à quelques restaurants chinois et révélés dans la presse française, même si cela ne concerne qu'une toute petite minorité, leur rang devait encore baisser dans le classement des restaurants étrangers.

Aujourd'hui la Chine évolue, la mentalité des Chinois (et des émigrés chinois) aussi. On voit depuis quelque temps leur participation à certaines manifestations à Paris. Quelques restaurants chinois commencent à proposer des nouilles faites à la main sur place, les recettes des autres provinces chinoises ou encore le « label qualité Asie ». J'espère qu'un jour je pourrai réécrire ce texte, j'aurais alors le sentiment d'avoir été utile.

1. Christian Boudan, *Géopolitique du goût : la guerre culinaire*, PUF, 2004.

Le « restaurant-théâtre »

Un restaurant est un lieu privilégié où l'on mange. Un théâtre est un endroit où l'on regarde un spectacle. On connaît la combinaison des deux sous la forme du dîner-spectacle, au Moulin rouge ou au Lido. Mais le « restaurant-théâtre » que je conçois n'entre pas dans cette catégorie…

Invités par nos amis, nous sommes parfois séduits par le talent culinaire de la maîtresse de maison. On demande la recette, qui est quelquefois transmise de génération en génération dans la famille, et certains d'entre nous prennent même des notes. Mais, dans la plupart des cas, ces notes se perdent dans nos poches ou restent au fond d'un tiroir. Si notre hôte n'ouvre pas un restaurant, ses talents ne dépasseront pas le cercle de la famille ou des amis. Dans les années 1980, une femme a créé la surprise en gagnant le premier prix d'un concours national de cuisine, organisé par les médias télévisés chinois. Quand la presse s'est intéressée à la famille de cette femme hors du commun, on s'est rendu compte qu'elle était la descendante du responsable des services de la table de la Cour impériale de la dynastie des Qing ! Elle a sans doute eu de la chance. Mais combien d'autres personnes peut-être aussi talentueuses dans l'art culinaire restent anonymes et le resteront pour toujours ? Quand nous voyageons à l'étranger, il y a tellement de saveurs qui nous surprennent et nous fascinent. On aimerait mieux les connaître et les redécouvrir. Mais les barrières linguistiques, la difficulté de se procurer certains produits et d'autres raisons encore nous en empêchent.

Un « restaurant-théâtre » tel que je l'imagine serait une scène où tous les talents de la cuisine du monde pourraient nous faire goûter ce qu'ils font de meilleur, comme un théâtre offrant un lieu de rencontre entre les artistes et les spectateurs. Dans ce restaurant, il n'y aurait que des chefs cuisiniers invités, qu'ils soient des professionnels venus de pays lointains ou des amateurs talentueux (assistés par un professionnel en cas de besoin). Ils auraient une équipe de cuisiniers à leur disposition, une vingtaine de couverts et un calendrier de un ou deux mois pour montrer tout leur savoir-faire. Les clients pourraient choisir et réserver leur place, comme dans le programme d'un théâtre. Ce restaurant à deux étages serait aménagé autour d'une cour intérieure. Le chef travaillerait au centre du restaurant, les clients seraient installés autour, comme dans un théâtre traditionnel chinois. Chaque année serait publié un recueil de pensées, de techniques et de recettes de tous les chefs passés dans le restaurant ainsi que certains commentaires des clients.

Si un jour ce « restaurant-théâtre » voit le jour, je le nommerai « Er Zuo » (littéralement, cela signifie « mais créer »), un nom inspiré d'une citation de Confucius : « *Shu er bu zuo* » (« transmettre, mais sans créer », ce qui signifie « je transmets (les classiques), je ne crée rien (en écrivant) »). Est-ce pour cette raison que Confucius n'a pas laissé à la postérité un ouvrage de sa main ? *Les Entretiens* du philosophe sont un recueil de ses propos compilés par ses disciples et leurs épigones. Si aucun d'entre eux n'avait pris l'initiative de faire ce travail, Confucius serait peut-être, comme beaucoup d'autres grands penseurs antiques, tombé dans l'oubli. « Er Zuo » serait donc le contraire de ce que dit Confucius : Que le talent culinaire de chacun se transmette !

49

Neuf ou dix ?

Un ami français m'a demandé récemment quelles étaient les coutumes chinoises pour fêter un anniversaire, car il préparait le soixante-dixième de son père, très sinophile. Les Chinois chantent-ils aussi *Happy birthday to you* en soufflant des bougies ?

Si aujourd'hui la mondialisation s'impose dans presque tous les domaines, y compris dans les us et coutumes, il existe néanmoins deux particularités chinoises pour célébrer un anniversaire. D'abord, on mange des « nouilles de longévité » le jour même. Ces grandes nouilles, comparées au riz, l'aliment principal, symbolisent la longévité. Cette tradition daterait de la dynastie des Tang (618-907). Ensuite, dans certaines régions chinoises, on a l'habitude de faire « le neuf et pas le dix », c'est-à-dire que, par exemple, au lieu d'organiser une grande fête pour le soixantième anniversaire de quelqu'un, comme en France, on le fera un an avant, à l'âge de cinquante-neuf ans. Cela peut paraître étrange car les Chinois utilisent depuis toujours le système décimal. Quand j'étais petit, j'avais demandé à ma mère quelle était la raison de cette pratique. Elle m'avait répondu en plaisantant : « Comme on ignore ce qui va se passer dans la vie, il vaut mieux le fêter un an avant ! » Je l'ai crue pendant longtemps, jusqu'au jour où j'ai lu un passage du livre *Les mutations des Zhou*.

Dans ce livre attribué traditionnellement au roi Wen (qui vécut au XIe siècle av. J.-C.) de la dynastie des Zhou, on trouve les deux phrases suivantes : « Il n'y a pas de plaine sans déclivité et il n'y a pas d'aller sans retour », et « Quand le soleil atteint le zénith, il décline ; quand la lune devient pleine, elle diminue ». Lao-tseu explique la même chose dans son ouvrage, en utilisant cette métaphore : « Une lame qu'on aiguise sans cesse ne peut pas se conserver longtemps. » Par la suite, les Chinois ont ainsi conclu : « Une chose poussée à l'extrême va à son contraire » ou « On pèche autant par excès que par défaut ». On trouve une phrase similaire dans *La Bégueule* de Voltaire où l'auteur cite un sage italien : « Le mieux est l'ennemi du bien ». Cette pensée a influencé des générations de Chinois. De nombreuses expressions populaires le démontrent : « La joie extrême causera la tristesse », « Après l'amertume, la douceur », « L'apogée annonce le déclin », « Plus on monte haut, plus lourde est la chute », « L'extrême froid fait naître la chaleur et non le froid, l'extrême chaleur fait naître le froid et non la chaleur », ou encore « Dans l'eau trop claire, il n'y pas de poisson ; l'homme trop exigeant n'a pas d'ami ». C'est probablement pour cette raison que les Chinois font « le neuf et pas le dix » pour leur anniversaire. Ayant une perception cyclique du temps, ils considèrent que, dans un cycle de dix chiffres, si le dix représente le nombre le plus grand, il annonce aussi un nouveau cycle, celui du déclin.

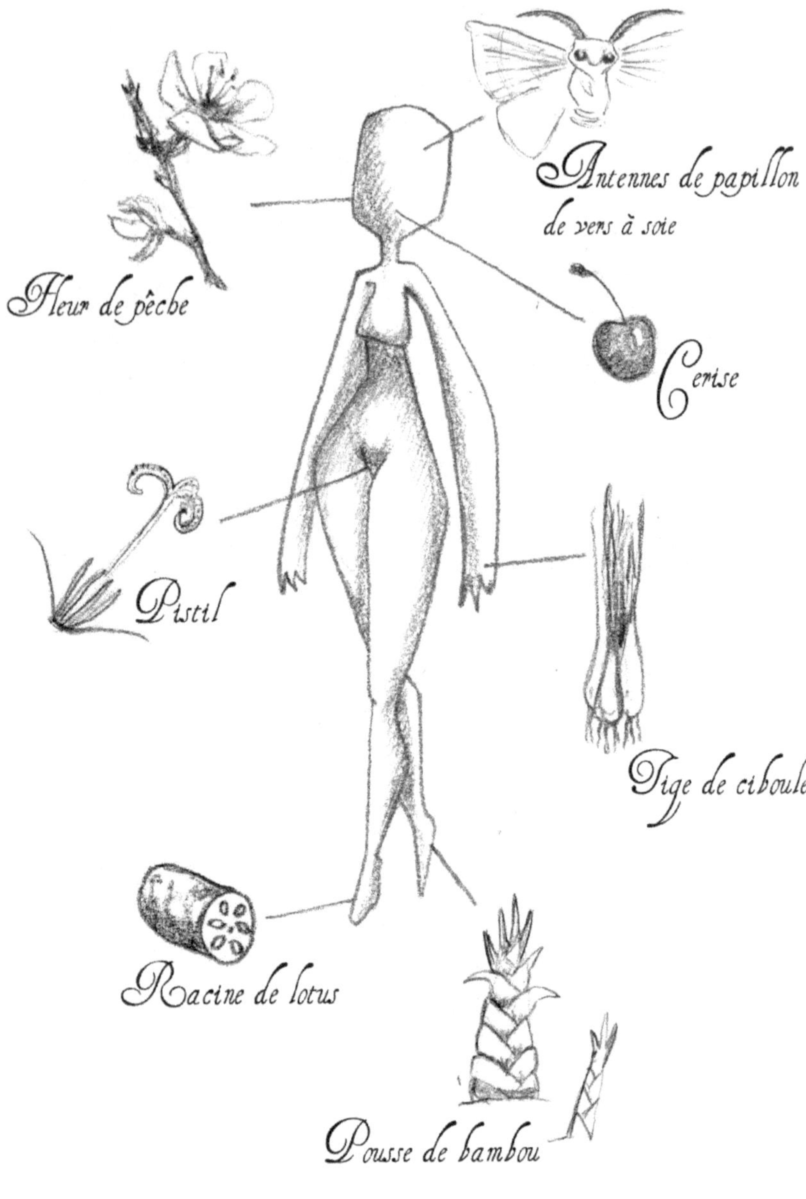
Antennes de papillon
de vers à soie
Fleur de pêche
Cerise
Pistil
Tige de ciboule
Racine de lotus
Pousse de bambou

Les métaphores du corps féminin

En français comme dans chaque langue, on rencontre des métaphores qui servent à décrire le corps féminin, comme « tes grands yeux de velours » de Baudelaire, ou « tes seins sont deux boucliers d'argent dont les pointes ont trempé dans le sang » de Pierre Louÿs et « le bijou fragile… le doigt de la femme » de Victor Hugo.

Le chinois ne fait pas exception. Un des plus anciens exemples se trouve dans le *Livre des Odes* de la dynastie des Zhou occidentaux (XIe siècle-771 av. J.-C.) :

« Ses doigts (sont blancs et délicats comme) les jeunes pousses de laiteron, sa peau (blanche comme) la graisse figée, son cou (long et souple comme) le ver qui ronge le bois, ses dents (blanches et régulières) comme les pépins de la courge, son front (large comme) celui de la cigale, ses sourcils (minces et arqués comme) les antennes du papillon du ver à soie[1].»

Si l'écrivain Jules Renard (1864-1910) disait avec un peu d'ironie que «Les descriptions de femmes ressemblent à des vitrines de bijoutier. On y voit des cheveux d'or, des yeux émeraude, des dents perle, des lèvres de corail...», les descriptions chinoises ressembleraient plutôt au stand d'un marchand des quatre-saisons ! À tel point qu'on pourrait presque les comparer avec les portraits anthropomorphes du peintre italien Arcimboldo (XVIe siècle) qui sont composés à partir de fruits, de légumes et d'animaux. Voici une liste, non exhaustive, de ces métaphores en chinois :

1. Visage de *graine de melon*, visage d'*œuf d'oie* (ces deux expressions chinoises sont l'équivalent de visage ovale)
2. Visage (blanc comme) *fleur de poire*
3. Joue de *fleur de pêche*
4. Yeux d'*abricot*
5. Sourcils en antennes du *papillon du ver à soie*
6. Nid d'*alcool* (= fossettes)
7. Petite bouche de *cerise*
8. Dents de *pépins de courge*

---

1. *Livre des Odes*, traduction de Séraphin Couvreur (1835-1919).

9. Doigts blancs comme la tige de *ciboule* épluchée
10. Bras ou jambe de *racine de lotus*
11. Peau (blanche et douce) comme de la *graisse figée*
12. Poitrine de *beurre* ; poitrine de *graine d'euryale* (plante aquatique, appartenant à la famille des nymphéacées) épluchée
13. *Pistil* (= vagin)
14. Pied de *lotus* d'or, pied de *pousse de bambou* de jade

Pourquoi les Chinois ont-ils une telle préférence ? Seraient-ils plus naturalistes, ou plus gourmands ? Ou peut-être considèrent-ils que la beauté d'une femme est aussi éphémère et fragile que celle des fleurs et des fruits ? On peut comparer cette habitude littéraire chinoise avec le vocabulaire œnologique français, qui utilise souvent des métaphores physiques telles que « le corps » du vin, sa « robe », « avoir de la cuisse », etc. « Parmi les champs thématiques à l'origine des métaphores vineuses, c'est même le champ anthropomorphique qui est le plus important[1]. »

1. Martine Coutier, « Vocabulaire et métaphores dans le discours de la dégustation du vin », colloque organisé par le CLA de l'université de Franche-Comté, 30 avril 2008.

Comment ces métaphores sont-elles employées dans la littérature chinoise ? Dans le roman érotique *Les Spectacles curieux du plaisir*, datant de la dynastie des Ming (1368-1644), on peut lire ceci :

À leurs bouches douces comme du ***miel*** *mélangé de*
*   **sucre***
Sa poitrine de ***beurre*** *pressée contre la sienne,*
Ses jambes blanches, comme des ***racines de lotus****, sur*
*   les épaules de son amant*
Dont le sexe comme une ***pêche*** *qui la dardait.*
[…]
Il s'appliquait à lui caresser les seins.
Doux, moelleux comme des ***graines d'euryale***
*   épluchées,*
Onctueux comme du ***beurre*** *frais des confins*[1].

Le plaisir de la chair et celui de la table ne semblent-ils pas en parfait accord dans ces deux poèmes, comme une bouteille de sauternes avec du foie gras du Périgord ?

---

1. *Les Spectacles curieux du plaisir*, traduction d'André Lévy avec modifications, Éditions Philippe Picquier, 1997.

Soupe de perles, d'émeraude et de jade blanc

« Les petits légumes de nos producteurs et le *parmigiano reggiano*, étuves de petits légumes, girolles marinées, oignons cébettes, coulant de *parmigiano reggiano* au poivre de Séchuan vert », « Fines aiguillettes de canard de Pékin à la goutte de sang ; sauce onctueuse au café. Salade d'oignons doux de Roscoff et salsifis enrobés d'un sirop de betterave rouge au campari. Chair d'aubergine émulsionnée, suc de clémentine. »

Ces noms de plats, que j'ai notés dans deux restaurants trois étoiles en France, ressemblent peut-être à la nomenclature d'une machine mais présentent au moins un avantage : on sait tout de suite ce qu'on aura dans son assiette en lisant la carte. Les noms de plats chinois sont souvent beaucoup moins évocateurs, même pour les Chinois : « Soupe de perles, d'émeraude et de jade blanc »,

« Bouillon de dragon et de phénix », « Rencontre entre mère et fils ». N'imaginez pas que ce sont des plats exquis servis sur la table d'un empereur de l'Empire du Milieu. En réalité, le premier plat est une soupe composée de riz, d'épinards et de morceaux de tofu ; le deuxième de serpent et de poulet et le dernier un plat de soja et de germes de soja sautés.

Les intitulés dignes de poèmes (ou de chinoiseries pour certains) sont le reflet d'une tradition des lettrés chinois : donner un nom poétique à tout objet. Dans le roman *Le Rêve dans le pavillon rouge*, on peut lire un passage qui décrit en détail cette tradition chez les lettrés après l'achèvement de la construction d'un grand jardin :

« Il est bien certain que, privés de toute inscription (sur les édifices) et même avec l'appoint des fleurs, des saules, des coteaux et des bassins, les divers sites, si grandioses soient-ils, les kiosques et les pavillons sur terrasses, en dépit de leur nombre, ne seront guère mis en valeur.[1] »

Un pavillon, un kiosque, une fontaine, un paysage, un plat ou même un rocher, toute chose en Chine peut faire l'objet d'un baptême, et éventuellement d'un poème. Car chaque chose a une

1. *Le Rêve dans le pavillon rouge, op. cit.*

vie propre et peut être aimée. Elle doit donc posséder un nom. D'ailleurs, Confucius a dit : « Si le nom est inadéquat, le langage devient incohérent. » Nommer, c'est aussi une façon de démontrer le goût, le tempérament ou les espérances de la personne qui donne son nom à un objet. Cela peut être poétique, humoristique ou satirique, comme dans l'anecdote de la « Soupe de perles, d'émeraude et de jade blanc », que l'on doit à Zhu Yuanzhang, le fondateur de la dynastie des Ming, qui fut un pauvre moine avant d'accéder au trône, en 1368. Un jour, deux mendiants l'avaient trouvé dans la rue, mourant de faim. Ils lui préparèrent une soupe chaude faite de riz, d'épinards et de tofu trouvés dans les poubelles. Zhu retrouva ainsi la vie grâce à cette soupe et leur demanda ce qu'il avait mangé. Ne voulant pas le décevoir, un des mendiants lui répondit que c'était une « soupe de perles, d'émeraude et de jade blanc ».

Dans le roman de cape et d'épée *La Légende du héros chasseur d'aigles* de Jin Yong, on trouve un passage amusant qui décrit la manière de nommer les plats chez les lettrés chinois. L'histoire met en scène un mendiant, également grand maître d'arts martiaux, surnommé Hong Septième Vénérable, et Huang Rong, la fille d'un autre grand maître d'arts martiaux sous la dynastie des Song du Sud (1127-1279) :

Huang Rong versa du vin dans la coupe qu'elle posa devant Septième Vénérable et dit en souriant :

- Septième Vénérable, goûtez donc mes plats, vous m'en direz des nouvelles !

Hong ne se le fit pas dire deux fois : sans même boire le vin, il brandit ses baguettes et saisit deux bâtonnets de viande qu'il enfourna avec voracité. Un goût exquis lui emplit alors la bouche : ce n'était pas simplement de la viande de bœuf ! À chaque fois qu'il mâchait, lui venaient des sensations différentes : tantôt une saveur grasse et juteuse, tantôt un bouquet de fraîcheur succulente. Les senteurs se succédaient dans des variations complexes et imprévisibles, comme les coups d'un expert en arts martiaux. Surpris et enchanté, Septième Vénérable examina de plus près les bâtonnets, et constata que chacun d'entre eux était formé par quatre petits bâtonnets différents entrelacés.

Il ferma alors les yeux pour mieux savourer.

– Hmm, dit-il, un bâtonnet est fait de viande de cuisse de mouton, un autre d'oreilles de cochon de lait, un troisième de rognon de veau, et le dernier… Le dernier…

– Si vous devinez, dit Huang en souriant, vous êtes vraiment fort…

Elle avait à peine fini sa phrase que Septième Vénérable s'écria :

– De la cuisse de daim mélangée à du lapin !

– Bravo ! applaudit la jeune fille. Bien vu !

– Il n'y a que cinq types de viande, poursuivit Septième Vénérable, mais le cochon mélangé au mouton donne un certain goût, le daim avec le bœuf un autre… Combien de variations il y a en tout, ça, je ne saurais le dire…

– Si l'on ne tient pas compte de l'ordre des variations, dit Huang Rong en souriant, il y en a vingt-cinq, correspondant aux cinq fois cinq pétales de la fleur de prunier. Comme le bâtonnet de viande ressemble à une flûte, alors ce plat a un nom, il s'appelle «Au son de la flûte de jade, qui entend les fleurs de prunier tomber ?» Le « qui » dans la question signifie qu'il y a une sorte de mise à l'épreuve. Septième Vénérable, vous avez passé l'épreuve, vous êtes le lauréat de tous les gourmets !

– Bravo ! s'écria le mendiant.

On ne savait pas trop s'il applaudissait le nom du plat ou sa propre habileté à discerner les goûts. Puis il prit deux cerises dans une cuillère et dit en riant :

– Ce bol de potage à la feuille de lotus, aux pousses de bambou et aux cerises est vraiment joli à voir, on regrette presque d'avoir à le manger !

Il goûta et s'écria : «Ah ! », puis s'étonna : « Eh ? » Il en prit encore deux et s'exclama encore : «Ah ! » La fraîcheur de la feuille de lotus, la sapidité des pousses de bambou, le sucré des cerises, tout cela sautait évidemment aux papilles, mais, en plus, les cerises, après avoir été dénoyautées, avaient été fourrées de quelque chose...

– Dans les cerises, dit Septième Vénérable en hésitant, qu'y a-t-il ?

Il ferma encore les yeux, cherchant à reconnaître le goût :

– C'est de la chair de moineau ! marmonna-t-il. Non, si ce n'est pas de la perdrix, c'est de la tourterelle ! Oui, c'est ça, c'est de la tourterelle !

Il ouvrit les yeux, vit que Huang Rong levait son pouce et fut tout fier d'avoir trouvé.

– Alors quel nom compliqué porte encore ce potage à la feuille de lotus, aux pousses de bambou, aux cerises et à la chair de tourterelle ?

– Vénérable, dit Huang Rong, il vous manque encore un ingrédient.

– Ah oui ? s'étonna Hong.

Il regarda encore le potage.

– Oui, convient-il, il y a encore ces pétales de fleur...

– Exactement ! confirma Huang Rong. Le nom de ce potage, vous pouvez l'imaginer à partir de ces cinq ingrédients.

– Si c'est pour jouer aux devinettes, je déclare forfait. Brave petite, dis-moi vite...

– Je vous donne un indice, dit Huang Rong, il vous suffit de penser au *Livre des Odes* !

– Ah non ! protesta Septième Vénérable, ce qu'il y a dans les livres, je n'y connais rien !

– La fleur renvoie au teint d'une belle, expliqua Huang Rong, les cerises à sa petite bouche, n'est-ce pas ?

– Ah, c'est donc le « Potage de la Belle » ?

– Non, dit Huang Rong en secouant la tête, le bambou est symbole de modestie, il caractérise donc l'homme d'honneur, tout comme le lotus est la plus éminente des fleurs. Ainsi, bambou et lotus renvoient à l'homme d'honneur.

– Oh, dit Septième Vénérable, c'est donc le « Potage de la Belle et de l'homme d'honneur » ?

– Que faites-vous alors de la tourterelle ? dit Huang Rong. En fait, tous ces éléments se retrouvent dans le premier poème du *Livre des Odes*, qui se termine ainsi : « L'homme d'honneur est en bonne compagnie. » Ainsi, ce potage s'appelle le « Potage de la bonne compagnie »[1] !

Si l'on compare les manières de nommer les plats en France et en Chine, la française est plus réaliste. Grimod de la Reynière (1758-1837), le père de l'écriture gastronomique française, et le jury dégustateur dont il faisait partie, écrivaient ainsi : « Suprêmes de poularde à la Chingara, du riz à la Condé, des filets de sole à la Orly, des côtelettes Soubise, des potages à la Crécy[2] »... La manière chinoise, ressemblant plus à celle de baptiser les cocktails en Occident, utilise beaucoup les techniques de la poésie. Car la Chine est un pays de poètes. Si le français est la langue de Molière, le chinois peut être la langue de Li Bai (701-762), le

1. Jin Yong, *La Légende du héros chasseur d'aigles*, Jin Yong, traduction de Wang Jiann-Yuh, Éditions You Feng, Paris, 2004.

2. Michel Onfray, *op. cit.*

plus grand poète chinois, ou bien la langue de Lu You (1125-1210), le poète le plus productif, qui a laissé plus de neuf mille trois cents poèmes. En Chine ancienne, les lettrés chinois écrivaient des poèmes comme aujourd'hui on tient un journal intime ou on « twitte ». Baptiser un objet n'était qu'un petit exercice pour les lettrés chinois :

Le nom doit d'abord suggérer la particularité de l'objet, et non la décrire directement. Stéphane Mallarmé (1842-1898) nous met en garde : « Nommer un objet, c'est supprimer les trois quarts de la jouissance du poème, qui est faite du bonheur de deviner peu à peu ; le suggérer, voilà le rêve. » Prenons l'exemple de Chinois baptisant une demeure : si elle se trouve en bord de mer, on peut la nommer « Pavillon pour contempler les vagues » ; si c'est au bord d'un lac, « Pavillon du reflet de la lune » ; dans une forêt, « Pavillon de lecture à l'ombre estivale ». Les mots « mer », « lac » ou « forêt » ne doivent pas apparaître dans le nom. Une chambre de bonne au dernier étage, sera une « coquille d'escargot » ou un « studio pour contempler les étoiles ».

Ensuite ces noms doivent refléter la vocation ou les goûts du maître de l'objet. Par le nom « pavillon de lecture », on apprend qu'il est un passionné de livres.

Enfin, il sera apprécié que le nom choisi provienne d'un texte classique. Par exemple *Heisei*, ce qui signifie « paix et prospérité » – le nom du règne de l'actuel empereur japonais –, provient de deux livres historiques chinois. Une fois le nom déterminé, on peut l'écrire avec un pinceau ou le faire écrire par un calligraphe. Ensuite on le fait graver sur une plaque en bois qui sera accrochée au-dessus de l'entrée ou à l'intérieur, face à l'entrée.

Revenons aux deux plats du début : pourrait-on oublier « Les petits légumes de nos producteurs et le *parmigiano reggiano* » et dire plutôt « Parfum léger du potager printanier » ? Libre à vous de rebaptiser les suivants !

Avoir un cœur de loup

« Avoir un cœur de loup et des poumons de chien » (être cruel ou ingrat), « être bête comme une oie », « côte de poulet » (chose peu valorisante)... Comme dans toutes les langues, il existe en chinois beaucoup d'expressions comportant des noms d'animaux. Imaginons un instant ce que seraient les expressions similaires dans les « langages » du monde animal : un loup va-t-il accuser un autre loup *d'avoir une faim d'humain* parce qu'il mange plus que nécessaire ? Une oie va-t-elle reprocher à sa voisine d'être *avide et gourmande comme les Chinois et les Français* parce qu'elle lui aurait volé sa part de maïs ? Dans ce monde animal, on trouverait sans doute beaucoup de La Fontaine. Car les sources d'inspiration de la comédie humaine sont inépuisables.

Ce que je viens d'écrire n'est que *larmes de crocodile*, car je continuerai à *manger comme un tigre*. Mais même des animaux aussi cruels que les crocodiles n'auraient pas pu inventer les recettes chinoises qui suivent.

La première recette « Oie et canard rôtis » provient d'un texte datant du VIIIe siècle. Zhang Yizhi (?-705) a fait construire une grande cage en fer dans laquelle il mettait des oies et des canards. Au centre de la cage était placée une cuvette en cuivre contenant de la sauce aux cinq saveurs, mijotant

au-dessus d'un feu de charbon. Les bêtes marchaient autour des charbons. Elles buvaient de la sauce quand elles avaient soif et se reculaient dès que la chaleur devenait insupportable. Au bout de quelque temps, leurs plumes tombaient et leur chair devenait toute rouge. Elles étaient ainsi cuites à l'intérieur par la sauce chaude et à l'extérieur par le feu du charbon. Son frère cadet, Zhang Changzong (les frères Zhang, d'une extrême beauté, étaient tous deux des favoris de l'impératrice Wu Zetian), faisait la même chose avec un âne.

La deuxième recette figure dans un livre de Qian Yong (1759-1844) et concerne un individu qui adorait les pattes d'oie. Il mettait une oie vivante immobilisée sur une plaque chauffante enduite de sauce et lui faisait boire de l'alcool et de la sauce de temps en temps. Ses pattes frappaient sans cesse la plaque et gonflaient à cause de la chaleur. Quand l'oie passait de vie à trépas, on coupait ses pattes qui devenaient un met exquis.

La troisième date de la dynastie des Qing (1644-1911). À cette époque, un restaurant de la province du Shanxi était très connu pour ses plats de viande d'âne. Son secret : l'animal n'était pas tué d'un seul coup. En fait, il était d'abord nettoyé, ses pattes et sa tête étaient ensuite attachées à des pieux dans la cour. À chaque commande d'un client, le cuisinier allait couper un morceau de viande de l'âne toujours vivant. Ainsi, la viande gardait une extrême fraîcheur à une époque où les réfrigérateurs n'existaient pas…

On peut encore citer d'autres recettes toutes aussi originales et cruelles que les trois précédentes. Mais, rassurez-vous, si ces recettes sont encore connues, c'est seulement parce qu'elles sont reprises dans des récits où les bourreaux subissent un triste sort. Le grand philosophe Mencius (~ 372-289 av. J.-C.) a dit : « Les hommes de bien s'éloignent de la cuisine. » Parce qu'on ignore ainsi ce qui se passe avant d'être servi, notre conscience de consommateur n'en est donc pas troublée. On peut continuer à remplir notre *estomac grand comme celui d'un bœuf*. Mencius était décidément un philosophe *rusé comme un renard*.

Les aliments et la langue chinoise

1. Riz

À la différence de la Chine, le riz n'a jamais été l'aliment principal de la cuisine française. L'utilisation du mot *pain* dans de nombreuses expressions et locutions populaires le montre bien : « manger son pain blanc », « avoir du pain sur la planche », « acheter quelque chose pour une bouchée de pain », « ôter le pain de la bouche de quelqu'un », « ne pas manger de ce pain-là »… (sauf peut-être dans l'expression *riz-pain-sel*, désignant en argot militaire les employés du service aux subsistances des Armées). Mais dans la langue chinoise comme dans beaucoup de langues asiatiques, le mot *riz* sert d'équivalent. « Manger » se dit même « manger du riz ». Le riz est souvent utilisé comme synonyme de nourriture ou de repas. Si les céréales sont considérées en France comme un accompagnement des plats, en revanche les Chinois de certaines régions appellent les plats « ce qui fait descendre le riz » (下饭), en d'autres termes, les plats sont des « accompagnements de riz ». C'est donc le riz et non le plat qui tient le rôle principal.

Riz décortiqué

Si les Chinois sont étonnés par la variété de pains qu'on trouve chez un boulanger, les Français ignorent sans doute qu'il existe en chinois plusieurs caractères pour désigner le riz dans ses divers états : *yang* (jeune plant de riz, 秧) ; *dao* (riz dans les champs, 稻) ; *mi* (riz décortiqué, 米) ; *fan* (riz cuit, 饭) ; *zhou* (bouillie de riz, 粥). Ces caractères sont toujours en usage aujourd'hui, contrairement par exemple aux quarante caractères désignant les différentes robes des chevaux, qu'on ne trouve plus que dans les textes anciens ou dans les dictionnaires.

Riz cuit

Le riz donne lieu à de nombreuses expressions populaires dont voici quelques exemples :

Seau à riz : une personne qui ne fait que manger et qui ne sert à rien. (饭桶)

Sac à riz et cintre : une personne qui ne sert à

rien. Par exemple, je ne veux pas travailler avec ce *sac à riz et cintre*. (饭囊衣架)

Couleur de riz : couleur beige. (米色)

Manger du riz mou : un homme capable de travailler, mais qui vit sous la dépendance d'une femme. (吃软饭)

Manger du riz sec : une personne qui ne sert à rien. (吃干饭)

Riz du grand wok : synonyme d'égalitarisme absolu dans une entreprise d'État chinoise sous le communisme. (大锅饭)

Bol à riz : synonyme de boulot, travail, emploi. Par exemple, j'ai perdu mon *bol à riz*. (饭碗)

Bol à riz de fer : un travail stable, car contrairement au bol à riz généralement en porcelaine qui se casse facilement, un bol à riz de fer ne connaît pas ce risque. (铁饭碗)

Riz et sel : synonyme de choses futiles. (米盐)

Faire boire l'eau de cuisson de riz à quelqu'un : flatter quelqu'un avec des paroles mielleuses. (灌米汤)

J'ai mangé plus de sel que tu as mangé de riz : Je connais beaucoup plus de choses que toi. (吃的盐比你吃的饭还多)

Faire sauter le riz cuit froid : répéter ou refaire la même chose, sans originalité. (炒冷饭)

Riz cru déjà cuit : impossible de revenir en arrière ; ce qui est fait est fait. (生米煮成熟饭)

Riz à moitié cuit : travail non accompli ou abandonné à mi-chemin. (夹生饭)

Le même riz nourrit différentes personnes : on est tous très différents les uns des autres malgré le fait qu'on mange tous du riz. (一样米养百样人)

Une femme talentueuse ne peut faire de repas sans riz : sans moyens, le talent ne sert à rien. (巧妇难为无米之炊)

En soufflant le son du riz, on voit le riz : obtenir un résultat immédiat. (吹糠见米)

2. VIANDE

« *Avoir* 有, *affaire* ou *événement* 事, *maison* ou *famille* 家 et *beau* 美 ». Existe-t-il des points communs entre ces quatre caractères chinois ? Comme nous l'avons vu, évoqué déjà dans le texte « Le menu de dégustation », les caractères chinois sont d'une écriture pictographique qui provient du *jiaguwen* (甲骨文), les inscriptions gravées sur les carapaces de tortue et les os d'animaux. Les Français utilisent quelquefois aussi cette manière d'écrire, par exemple pour dire «j'aime Paris», on pourra dessiner un cœur à la place du verbe aimer.

L'évolution du caractère chinois cœur, du plus ancien à sa forme actuelle (de gauche à droite).

Dans le *jiaguwen*, ces quatre caractères sont représentés par les images suivantes :

avoir — *affaire* ou *événement* — *maison* ou *famille* — *beau*

有

Avoir est représenté par une main tenant une tranche de viande, un aliment de prestige à cette époque. Le fait qu'elle soit tenue dans la main symbolise la possession.

事

Affaire ou *événement* est l'image de la capture d'un sanglier à l'aide d'un filet fait de branches d'arbre. La Coupe du monde et le festival de Cannes n'existaient pas à cette époque, c'est la capture d'un sanglier qui faisait événement, car on pouvait ensuite organiser un grand festin.

家

Maison ou *famille* sont composés d'un toit sous lequel se trouve un cochon, et non un homme, une femme et un enfant, contrairement à ce que l'on pense, car le cochon était symbole de richesse. Les Chinois avaient sans doute déjà compris que notre société était matérialiste : quand un homme possédait un cochon, il pouvait facilement fonder un foyer avec femme et enfants.

美

Beau est composé de deux caractères : *mouton* et *grand*. Rien n'est plus beau (délicieux) qu'un grand mouton. Qu'est-ce que la beauté ? Ce concept, qui fait débat chez les philosophes depuis la Grèce antique, est tellement simple chez les Chinois.

Alors, quels sont les points communs entre ces quatre caractères ? C'est qu'ils ont tous un lien avec la viande, un aliment réservé aux aristocrates et aux plus riches. Mais l'expression *mangeurs de viande*, synonyme de « hautes personnalités », est utilisée dans un sens péjoratif en chinois. Son origine vient d'une anecdote datant de 684 av. J.-C. Voici le début de l'histoire :

« Au printemps, l'armée de Qi envahit notre territoire. Alors que le prince de Lu se préparait à livrer bataille, Cao Gui, un de ses sujets, demanda à se présenter devant lui. Les compatriotes de Cao Gui lui dirent : ce sont les mangeurs de viande qui donnent leur avis sur les questions politiques ou militaires. Pourquoi vous en mêlez-vous ? Cao Gui répondit : Les mangeurs de viande n'ont pas l'esprit élevé ; leurs vues ne s'étendent pas loin[1]. »

Nul besoin d'imagination pour savoir que la fin de l'histoire a donné raison à Cao Gui et non aux *mangeurs de viande*.

3. Légumes

蔬

« Si le peuple n'a pas la *mine de légumes* même en cas de sécheresse et d'inondation dans le pays, le fils du ciel (l'empereur) pourra alors manger de la viande et être accompagné de musique à chaque repas. » Cette phrase provient d'un texte chinois datant probablement du IIe siècle av. J.-C. et est à l'origine de l'expression « avoir la mine de légumes », c'est-à-dire « être affamé » : celui qui est privé de viande et ne mange que des légumes n'a pas bonne mine. D'un certain point de vue, cette

1. Traduction de Séraphin Couvreur (1835-1919) avec modifications.

expression chinoise fait écho au mot *viande*, dont l'origine latine signifie *ce qui sert à vivre*.

Si le mot « viande » en français a désigné pendant une certaine période l'aliment en général, en chinois le mot « légume » est synonyme de plat, en opposition au mot « céréale ». En japonais, c'est le mot « poisson » qui sert d'équivalent. Par ces trois mots, on peut avoir une idée du régime alimentaire de chacun de ces trois peuples.

4. Ravioli

饺子

« Rien n'est plus délicieux que le ravioli, rien n'est plus confortable qu'être allongé. » Cette expression chinoise montre la popularité des raviolis en Chine, qu'ils soient cuits dans l'eau, à la vapeur ou frits dans une poêle. C'est la cuisson à l'eau qui est la plus courante, en raison de sa simplicité. Les raviolis sont d'abord jetés dans l'eau bouillante. Quand ils remontent à la surface et flottent, on ajoute de l'eau froide dans la casserole. On laisse cuire pendant quelques minutes quand l'eau bout à nouveau. Quand la pâte devient semi-transparente, ils sont prêts à être servis. Cette façon de cuire donne lieu à deux expressions populaires : « cuire des raviolis dans un pot de thé » et « être comme des raviolis cuits dans l'eau ». La première expression décrit une personne très cultivée mais ne sachant pas communiquer, car les raviolis cuits dans une théière ne peuvent pas sortir par son bec. La deuxième décrit une piscine ou une rivière pleine de nageurs : ils sont agités comme des raviolis cuits dans l'eau bouillante.

5. Thé

茶

En Chine, on distingue des milliers de dialectes, très différents les uns des autres au niveau de la prononciation. Un Shanghaien et un Cantonais ne pourront pas se comprendre s'ils parlent chacun leur propre dialecte. Les différences sont presque aussi considérables qu'entre le français, l'espagnol et l'italien. La prononciation du mot *thé* en est bien la preuve. Si aujourd'hui on trouve deux prononciations (*tcha* ou *té*) pour le thé, c'est parce que cette boisson d'origine chinoise s'est diffusée à l'étranger depuis deux régions : Canton et Fujian, où le terme *thé* se prononce respectivement *tcha* et *té*. Certains historiens pensent qu'une autre zone de départ se situerait dans les régions du Nord, où sa prononciation est également *tcha*. On peut même dessiner une carte linguistique du thé pour retracer sa diffusion depuis quatre siècles.

Que le thé se prononce *tcha* ou *té* en Chine, les Chinois de différentes régions utilisent le même caractère 茶, puisque l'écriture chinoise est idéographique, et donc indépendante de la prononciation. Les linguistes la comparent souvent avec les chiffres arabes pour faciliter la compréhension de la relation entre le système d'écriture et la prononciation du chinois : 1 se lit *one* en anglais et *un* en français, mais l'écriture des chiffres est la même. L'écriture chinoise est de même nature, que l'on peut qualifier d'universelle pour les Chinois. Elle a joué un rôle très important dans l'unification du pays, surtout pendant les périodes de guerre et de scission.

«Tu as déjà bu notre thé, ne veux-tu pas te marier avec mon fils ?» C'était une plaisanterie courante faite à une jeune fille autrefois. «Boire le thé de quelqu'un» était synonyme de «se fiancer». Le thé faisait aussi partie des cadeaux de fiançailles que le mari offrait à sa future épouse. Cette coutume chinoise se fonde sur l'idée que le théier ne survit pas après une transplantation, et symbolise donc la fidélité de la femme.

6. Canne à sucre

甘蔗 Jusqu'au milieu des années 1980, la canne à sucre (ou *canne de bouche*, plus précisément) était un fruit commun en Chine. Quand l'été arrivait, on trouvait des vendeurs de cannes à sucre dans la rue. Les clients en choisissaient une et puis demandaient au vendeur d'en retirer l'écorce et de la couper en tronçons. On mâchait les tronçons pour savourer le jus sucré. Aujourd'hui, cette manière de consommer la canne à sucre n'existe pratiquement plus dans les grandes villes. À la dégustation, certaines personnes aimaient prendre d'abord les tronçons du côté de la racine, plus sucré. On trouve d'ailleurs une anecdote sur cette manière de manger la canne à sucre dans le livre *Anecdotes contemporaines et nouveaux propos* de Liu Yiqing (403-444) :

Un grand peintre nommé Gu Changkang (~345-409) mange de la canne à sucre à l'envers (c'est-à-dire par le bout le moins sucré). On lui en demande la raison. Il répond : « Je garde le meilleur pour la fin. » Depuis, l'expression « manger la canne à sucre à l'envers » est devenue synonyme d'une situation qui s'améliore progressivement.

Dans le roman *La Forteresse assiégée* de Qian Zhongshu (1910-1998), on peut lire un passage très connu sur la manière de manger une grappe de raisin. Cet extrait pourrait être lu comme l'illustration de l'expression « manger la canne à sucre à l'envers » : « Il y a deux sortes de gens dans le monde : quand ils mangent une grappe de raisin, les uns commencent par les meilleurs grains, les autres au contraire gardent ceux-ci pour la fin. Logiquement, les premiers devraient être optimistes puisque chaque grain qu'ils mangent est le meilleur de ceux qui restent et les seconds pessimistes, puisque chaque grain qu'ils mangent n'est que le pire des grains restants, mais, en réalité, il en va tout autrement, car pour les premiers la mémoire persiste, tandis que pour les seconds c'est l'espoir qui subsiste toujours[1]. »

7. Alcool

酒

La manière dont les Chinois boivent de l'alcool diffère beaucoup de celle des Français. D'abord, les Chinois boivent rarement à jeun mais plutôt à

1. Qian Zhongshu, *La Forteresse assiégée,* traduction de Sylvie Servan-Schreiber et Wang Lou, Éditions Christian Bourgois, 1997.

table, aux heures des repas, car la médecine traditionnelle chinoise considère que boire sans manger est mauvais pour l'estomac. Ensuite, il serait impoli de boire tout seul dans un banquet, surtout au nord de la Chine. On doit sans cesse inviter les autres convives à boire dans de petites coupes remplies d'alcool blanc (une sorte d'eau-de-vie de céréales distillée d'au moins quarante degrés). On lève son verre en disant aux autres « qing ». Ce mot chinois, se prononçant « tchin » et signifiant « je vous en prie » ou « s'il vous plaît », est à l'origine du mot « tchin-tchin » en français. (Les Français copieraient-ils aussi ?) En revanche, il faut éviter de dire « tchin-tchin » à des Chinois ou à des Japonais à table, ce qui engendrerait la plus grande confusion : « tchin-tchin » se prononce comme « embrasse-moi » en chinois et comme « zizi » en japonais[1] !

8. Piment

En français le mot « piment » ou « pimenté » peut être lié à un certain érotisme, mais en chinois son sens figuré est plutôt péjoratif : « avoir une main pimentée » est synonyme d'une personne vicieuse

1. Sylvie Gauthier, *Du bon usage d'être à table*, *op cit.*

et impitoyable. Comment expliquer cette différence ? Déjà, le piment est beaucoup plus présent et fort dans la cuisine chinoise qu'en France, ce qui provoque chez certains Chinois une sensation de douleur. Dans certains restaurants chinois réputés pour leur cuisine épicée, on trouve des dessins de petits piments à côté du nom du plat sur la carte. Le serveur vous expliquera probablement : « Un piment veut dire un peu pimenté, deux veulent dire pimenté, trois très pimenté.» Mais l'expérience nous montre qu'« un peu pimenté » pour les Chinois se révèle en général « très pimenté » pour un palais français (la deuxième génération des immigrés chinois née en France n'aura pas le même seuil de tolérance pour les plats relevés que ses parents). On utilise aussi beaucoup plus de piments frais dans la cuisine chinoise, ce qui peut brûler les mains et les yeux pendant la préparation en cuisine.

9. Melon amer

Le melon amer (plus connu sous le nom de « concombre sauvage », et considéré comme une plante toxique en France) est un légume populaire en Chine, malgré sa légère amertume. Dans la cuisine chinoise, comme dans certaines autres, l'amertume peut être considérée comme une qualité. C'est le cas de la sauce au *ndolé* dans les populations côtières du Sud Cameroun[1], c'est aussi le cas du melon amer en Chine, mais peut-être pour des raisons différentes. Dans la médecine traditionnelle chinoise, les herbes médicinales qui guérissent les patients sont souvent d'une amertume extrême, ce qui donne une image positive à cette sensation. Un proverbe chinois dit : « Les bons conseils sortent de la bouche pleine d'amertume. » Parce que les bonnes critiques sont sans doute désagréables à entendre, mais bénéfiques pour la personne, comme les médicaments amers le sont pour la santé.

10. Vinaigre

Le goût du vinaigre a un sens figuré négatif en chinois : « avoir les jambes aigries » (avoir des courbatures), « avoir un cœur aigri » (serré), « propos aigres » (acides), « personne aigre » (pédante). Mais l'expression « boire du vinaigre » a une tout autre signification : être jaloux dans une relation amou-

1. Marie-Claire Bataille-Benguigui, Françoise Cousin, *Cuisine, reflets des sociétés*, Introduction d'Igor de Garine, Éditions Sépia, musée de l'Homme, 1996.

reuse. L'origine de cet emploi provient d'une anecdote datant de la dynastie des Tang (618-907). La femme d'un ministre de l'empereur était connue pour son fort caractère. Un jour, l'empereur voulut offrir à son ministre une belle concubine, ce qui provoqua bien sûr la fureur et la vive contestation de l'épouse du ministre en question. Fâché, l'empereur convoqua cette femme à la Cour et lui demanda de choisir entre l'acceptation de la concubine ou la mort par le poison. L'épouse prit le verre de poison sans aucune hésitation et le but d'un seul trait. Mais c'était une plaisanterie du souverain, car le prétendu poison n'était que du vinaigre.

Le troisième élément d'un repas…

« Le vin est la partie intellectuelle d'un repas, les viandes et les légumes n'en sont que la partie matérielle », jugeait Alexandre Dumas. Mais quand on boit seul, la partie intellectuelle peut devenir ennuyeuse. Quand les convives ne s'entendent pas, la partie matérielle même la plus exquise perd de sa saveur. On pourrait alors penser qu'il existe un troisième élément nécessaire à la réussite d'un repas, qui n'a rien d'intellectuel ni de matériel. Il s'agit de la partie esprit (ou caractère) d'un repas, c'est l'ambiance créée surtout par les convives autour d'une table dans un cadre particulier. « Mille verres sont trop peu pour les bons amis à table, une demi-phrase est déjà trop pour ceux qui ne s'entendent pas », dit un proverbe chinois. Un ami français m'a expliqué pourquoi il n'aime pas aller dans un repas ou un buffet quand il y a beaucoup de monde. D'abord parce qu'il ne connaît pas la plupart des invités. Ensuite parce que les catégories sociales, les niveaux de culture, les âges sont très différents. Même si l'on peut rencontrer une ou deux personnes intéressantes, l'ambiance reste très superficielle. Comment font alors les convives en Chine pour que personne ne se sente exclu de la discussion pendant le repas et pour que son atmosphère soit agréable ? Ils ont inventé toutes sortes de jeux à boire, des plus vulgaires aux plus raffinés. Certains jeux à boire peuvent paraître puérils, mais leur fonction est justement de créer une ambiance bon enfant où chacun oublie son rôle social et se détende.

Voici l'adaptation française de quelques jeux à boire de lettrés chinois. Avant de commencer les jeux, il faut d'abord nommer un arbitre qui veillera à ce que les règles soient respectées. On met à disposition de chacun une petite coupe, car celui qui perd doit boire un verre.

I) Le premier jeu doit se préparer. On choisit les vers d'un poète, d'un courant littéraire ou d'une époque. On recopie ces vers sur des cartons ou des lamelles de bambou avec une indication. Chaque convive tire un carton et lit ce qui est écrit dessus. Voici une adaptation de ce jeu avec des poèmes de Victor Hugo, et l'indication en fonction du vers :

1. « Et j'ai dit à vos yeux : Versez l'amour sur nous. » Les couples boivent un verre.

2. « C'était un grand château du temps de Louis XIII. Le couchant rougissait ce palais oublié. » Qui rougit en buvant doit boire un verre.

3. « Le voile du matin sur les monts se déploie. Vois, un rayon naissant blanchit la vieille tour. » Ceux qui ont des cheveux blancs boivent un verre.

4. « On mange avec les doigts au baquet tous ensemble. On boit l'un après l'autre au bidon, on a chaud. On a froid, l'ouragan tourmente le cachot. » Chacun boit un verre.

5. « Vous trouvez l'océan trop clair, trop noir, trop bleu. Vous détestez le ciel parce qu'il montre Dieu. » Quiconque a les yeux autres que clairs, noirs ou bleus boit un verre.

Si personne ne correspond à ce qui est décrit dans l'indication, le convive qui a tiré et lu le carton doit boire un verre.

II) Le deuxième jeu est une sorte de quiz, par exemple chaque convive donne un nom de lieu qui a un lien avec l'eau : *Boulogne-sur-Mer*, *Eaubonne*, *Bordeaux*, *Aix-les-Bains*, etc. Un mot ou une expression contenant le mot *fleur*, mais qui n'a rien à avoir avec la fleur, comme *fleur de sel*, *chou-fleur*, *poisson-fleur*, *fleur de l'âge,* etc. Un titre de film qui contient un nom de couleur... Le convive qui n'a pas pu donner la réponse doit boire un verre.

III) Le troisième jeu est plus compliqué que les deux précédents. Un des convives choisit par hasard un morceau de poème connu et l'écrit sur un bout de papier, par exemple : « Il pleure dans mon cœur comme il pleut sur la ville ; Quelle est cette langueur qui pénètre mon cœur ? » de Paul Verlaine. Ensuite il montre un seul mot du vers à chaque convive sauf au dernier qui doit deviner ce vers. Une fois que chaque convive s'est fait attribuer un mot du vers, le dernier peut poser une question à chacun d'entre eux, qui doit lui répondre en trois phrases, tout en intégrant le mot qu'il a reçu, sans se faire remarquer. Par exemple, au convive ayant reçu le mot *pleut* du vers, il demande : « Aimes-tu les huîtres ? » L'intéressé peut répondre « J'aime déguster les huîtres dans un restaurant au bord de la mer. Surtout quand il *pleut.* C'est un moment fantastique pour moi. » Une fois que tout le monde autour de la table est interrogé, le dernier convive peut alors analyser toutes les réponses et essayer de trouver le vers choisi au départ. Sinon il boit un verre d'alcool comme gage.

IV) Le *jielong* (ce qui signifie littéralement « relier le dragon » en chinois) invite chaque convive à donner une citation, une expression populaire, un dicton, un vers ou même un titre de film ou de livre, dont le premier mot doit être le même que le dernier mot de la citation du convive précédent. Par exemple « Le jour le plus long », « Long comme un jour sans pain », « Pain mangé est vite oublié »... (Je laisse volontiers les lecteurs continuer ce jeu.) Ceux qui n'ont pas réussi ou ont fait attendre trop longtemps doivent boire un verre comme gage.

V) Le dernier est probablement le plus difficile. On choisit d'abord un thème de poème. S'il neige ce jour-là, on peut prendre « La neige » comme titre du poème. Ensuite les convives composent soit un poème, soit seulement un vers à tour de rôle pour constituer un poème à la fin du jeu. On peut aussi imposer une rime, comme dans la littérature française. Cette tradition chinoise daterait de l'époque de l'empereur Guerrier (156-87 av. J.C.) de la dynastie des Han. Dans le roman *Le Rêve dans le pavillon rouge*, il existe plusieurs passages qui décrivent en détail ce type de jeux[1].

---

1. « Le frérot Jade prit la tasse qu'on venait de lui emplir, la vida d'une haleine et déclara : "Maintenant, chacun des convives devra attribuer successivement à une jeune personne quatre sen-

Si ces jeux à boire des lettrés vous paraissent un peu compliqués, il existe d'autres jeux plus populaires, comme par exemple le jeu des grenouilles qui sautent dans l'eau. Chaque convive dit une phrase ci-dessous tour à tour, celui qui se trompe doit boire un verre. (Le mot *plouf* est considéré comme une phrase.)

Une grenouille une bouche ;
Deux yeux et quatre pattes ;
Plouf;
Deux grenouilles deux bouches ;
Quatre yeux et huit pattes ;
Plouf; Plouf;
Trois grenouilles trois bouches ;
Six yeux et douze pattes ;
Plouf; Plouf; Plouf;
Quatre grenouilles quatre bouches ;
Huit yeux et seize pattes ;
Plouf; Plouf; Plouf; Plouf;

---

timents : chagrin, tristesse, joie et plaisir, et, pour chacun de ces sentiments, improviser des vers expliquant pourquoi la jeune personne l'éprouve. Cela fait, il devra boire la tasse de sortie, mais précédée d'une chanson originale au goût du jour, et suivie soit d'une citation de poème ancien ou d'un distique de sentence symétrique, soit d'une maxime empruntée aux quatre classiques ou aux cinq canoniques. Dans un cas comme dans l'autre, il devra être fait allusion à un objet présentement exposé, ici même, à nos yeux."» (*Le Rêve dans le pavillon rouge*, *op. cit.*).

Ce jeu vous rappelle quelque chose ? « Je suis une vache sans taches qui… »

La cuisine des mendiants

Quand j'évoquais le projet de ce livre avec mes amis français il y a quelques années, beaucoup d'entre eux n'y étaient pas très favorables. Ils me suggéraient de trouver un autre sujet. Je comprends d'une certaine manière leurs réactions. En effet, la France est non seulement un grand pays de la gastronomie, mais elle est aussi connue pour ses livres de cuisine. Chaque année un nombre incroyable de livres sur la cuisine sont publiés. Par exemple, s'agissant du macaron – le petit biscuit rond –, on peut en trouver pas moins de dix dans une grande librairie parisienne, sans parler des livres sur des produits classiques comme le vin, le fromage ou le pain. Est-il encore possible d'apporter quelque chose de nouveau dans un domaine déjà saturé ?

L'exception existe toujours. Il y a sans doute un terrain que personne n'a encore exploité : celui de la cuisine des mendiants et des SDF. La France a une longue tradition de la cuisine du pauvre. « Dans les années 1540, le médecin Jacques Dubois, dit Sylvius, lui avait consacré quatre opuscules[1]. » Aujourd'hui, on peut toujours trouver des livres de cuisine pour les pauvres, comme par exemple *À table en famille avec 15 euros par jour* ou *Recettes pour les étudiants*. Mais un livre sur la cuisine des mendiants (et non pas pour les mendiants) ? Ne s'agirait-il pas d'une étude sociologique plutôt que culinaire ? Car peut-on vraiment parler de cuisine dans ce cas ?

Confucius a dit : « Si je voyageais avec deux compagnons, tous deux me serviraient de maîtres. » Le philosophe voulait dire que chacun d'entre nous peut apprendre quelque chose des autres, et qu'il ne faut jamais les sous-estimer ou les mépriser, même s'ils sont dans une situation défavorable comme les mendiants. Certes, leur vie quotidienne ressemble plus à un combat pour leur survie. Faute de nourriture, de condiments, d'ustensiles et de feu, leur cuisine n'a rien de comparable avec celle qu'on connaît à la maison ou au restaurant. Mais cela ne peut pas brider leur créativité et leur imagination. Leurs expériences font partie aussi de celles de l'humanité, même s'il ne s'agit pas bien entendu

1. Patrick Rambourg, *Histoire de la cuisine et de la gastronomie françaises*, Perrin, « Tempus », 2010.

de faire l'apologie de la vie mendiante. L'Histoire nous apprend que les contraintes peuvent être source d'inspiration. Et les grandes inventions ou découvertes furent parfois le fruit du pur hasard. Dans la cuisine chinoise, certaines recettes classiques sont justement inspirées des mendiants, dont la plus connue est « Le poulet des mendiants ».

La légende raconte que vers la fin de la dynastie des Ming (1368-1644), un mendiant de Changshu qui ne disposait d'aucun ustensile a eu l'idée d'envelopper un poulet, sans le déplumer, avec des feuilles de lotus puis de l'argile. Ensuite, il l'a cuit au feu. À sa surprise, le poulet cuit de cette manière était extrêmement tendre et savoureux. Depuis, grâce au bouche-à-oreille, c'est devenu un grand classique de la cuisine de la province du Jiangsu. On peut également lire une description détaillée de cette méthode dans le roman *Vendredi ou la vie sauvage* de Michel Tournier.

Aux yeux de certains de mes amis, amateurs de bonne chère qui fréquentent de grands restaurants, ce type de cuisine a sans doute quelque chose d'incongru. Ils ne cachent pas leur mépris vis-à-vis des petits restaurants, brasseries ou bistrots. La cuisine est bien sûr une question de moyens. On imagine mal un pot-au-feu sans viande de bœuf et légumes, ou un repas festif sans foie gras et champagne. Mais la cuisine, c'est aussi une question de passion, d'imagination et d'expérience que l'on peut comparer à l'écriture…

Quand je lis certains grands écrivains français comme Proust et Balzac, je suis très admiratif, comme tous les Français, du style, des tournures de phrases et de la richesse du vocabulaire. Les mots sont choisis pour exprimer la moindre nuance de la pensée. On peut dire que leur écriture est comme la cuisine des gens aisés. Quand je relis mon manuscrit, j'éprouve souvent un certain découragement à cause de la pauvreté du vocabulaire et de la banalité du style. Je dispose de quelques milliers de mots pour écrire en français. Cette écriture ressemble à la cuisine des gens qui ont peu. Ce n'est pas là de la fausse modestie chinoise. Comme un cuisinier qui découvrirait la cuisine d'un chef étoilé, outre l'admiration, il sentirait non pas de la jalousie, mais une sorte de tristesse. Car il sait qu'il ne pourra jamais atteindre la même hauteur. Cela fait partie des regrets de notre vie.

Mais une chose est certaine, quels que soient les moyens qu'on possède, l'écriture, tout comme la cuisine, est une passion qu'on souhaite partager avec les autres. Ce petit livre est donc avant tout l'expression de mon amour pour la langue et la culture françaises.

BIBLIOGRAPHIE

2000 ans d'histoire gourmande, Patrice Gélinet, Perrin, 2008.

About Chinese people, Yi Zhongtian, Shanghai Literature & Arts Publishing House, 2006.

A Comparative Study of Differences Between Chinese and Western Food Cultures, Bian Hao-yu, Gao Yong-chen, Journal of Nanjing Forestry University (Humanities and Social Sciences Edition), vol. 4 n°2, juin 2004.

A Comparative Study of Chinese and Western Food Cultures and some Analyses of Cultural Geography, Lu Li & Cao Shitu, Journal of Sichuan Higher Institute of Cuisine, 3, 2007.

Aesthetic Wisdom of Tasting in Laozi, Zhang Xin, Journal of Hebei Normal University (Philosophy and Social Sciences Edition), vol. 33, n° 3, mai 2010.

L'Autre Face de la lune, Claude Lévi-Strauss, Éditions du Seuil, 2011.

La Chine et les Chinois, Lin Yutang, traduit de l'anglais par S. et P. Bourgeois, Éditions Payot & Rivages, 1937, 1997.

Cihai, Shanghai Lexicographical Publishing House, 2009.

Cultural Relativism and the Principal of "Compatibility in Diversity", Yue Daiyun, Comparative Literature in China, 1, 1996.

Chine, Culture et Tradition, Jacques Pimpaneau, Éditions Philippe Picquier, 2004.

Dictionnaire chinois-français, The Commercial Press, Beijing, 1990.

Dix Essais sur la culture chinoise et la culture occidentale, Zhang Longxi, Éditions de l'université Fudan, Shanghai, 2005.

Du bon usage d'être à table, Sylvie Gauthier, Éditions Alternatives, 2009.

Eating in China and in Occident, Du Li, Shandong Pictorial Publishing House, 2010.

Éloge de la fadeur, François Jullien, Éditions Philippe Picquier, 1991.

Encyclopédie des jeux à boire chinois, Ma Guojun & Ma Shuyun, Éditions de Pékin, 1993.

Encyclopedia of Philosophy, Shanghai Lexicographical Publishing House, 2001.

Encyclopædia Universalis, Encyclopædia Universalis France S.A., 2008.

Grand Larousse Universel, Larousse-Bordas, 1997

L'Influence de la pensée d'attacher plus d'importance au tao qu'au qi dans l'artisanat de la Chine ancienne, Jiang Jianlong & Jiang Wei, Art Education Research, septembre 2010.

Introduction of Chinese Cooking, Chen Guangxin, Higher Education Press, Beijing, 2004.

La Métaphore en œnologie, Loredana Amoraritei, metaphorik.de, mars 2002.

The Names of Five Tastes and Their Extended Meanings, Jiang Shao-yu, Journal of Jiangsu University (Social Science Edition), vol. 10, n° 3, mai 2008.

Les Pères du système taoïste, Lao-tseu, Lie-tseu, Tchouang-tseu, traduction de Léon Wieger S.J., Les Belles Lettres, coll. « Les Humanités d'Extrême-Orient », Cathasia, 1950.

La Porte des bienséances : Guide des usages dans la Chine d'aujourd'hui, Laurent Long, Éditions You Feng, Paris, 1997.

La Raison gourmande, Michel Onfray, Grasset, 1995.

Le Repas chinois, Paul d'Enjoy, Bulletins et Mémoires de la Société d'anthropologie de Paris, 1903, vol. 4, n° 1.

Le Rêve dans le pavillon rouge, Cao Xueqin, traduction de Li Tche-houa et Jacqueline Alézaïs, revue par André d'Hormon, Bibliothèque de la Pléiade, Gallimard, 1981.

Riz et civilisation, Pierre Gourou, Fayard, 1984.

The Tao of Cuisine, Gao Chengyuan, Shandong Pictorial Publishing House, 2008.

Tao-Tö King, Lao-tseu, traduction de Liou Kia-hway, Gallimard, 1967.

La Tendance d'attacher plus d'importance au tao qu'au qi dans les romans de Jin Yong, Liao Bin, Forum de la littérature chinoise dans le monde, 2, 2007.

Le Thé, Lydia Gautier, Aubanel, 2006.

Works of Qian Zhongshu, Qian Zhongshu, SDX Joint Publishing Company, Beijing, 2001.

Xie Shi Zhuyi, Shen Hongfei, Sichuan Literature & Arts Publishing House, 2003.

http://classiques.uqac.ca (Université du Québec à Chicoutimi).

REMERCIEMENTS

Pour la genèse de ce petit livre, je voudrais remercier Jean-Paul Marlet, Christian Cabrit, Sébastien Cagnoli, Benjamin Giroux, Laurent Lebœuf et Stéphanie Tchou-Cotta pour leurs suggestions et corrections du manuscrit. Je remercie aussi chaleureusement Jin Aihua (金爱华) pour ses remarquables calligraphies, créations gracieusement offertes. Je remercie également Pei Ruilong (裴瑞龙) et Geneviève Imbot-Bichet pour leur aide précieuse, ainsi qu'Adeline Grattard, Daniel Rose, Marie Holzman et Françoise Sabban qui ont aimablement accepté mes entretiens.

Plusieurs textes ont fait l'objet de conférences au Centre culturel de Chine, à la mairie du IIIe arrondissement de Paris, au Festival du livre culinaire de Paris et à la Maison de la Chine à Paris pendant la préparation du livre.

Enfin, je souhaiterais remercier Sophie de Closets, Sophie Kucoyanis, Anne-Sophie Gousset et l'équipe de Fayard, Élise Roy, France Facquer, Alexandra Boulanger et Dominique Fusco, sans qui ce livre n'aurait pas vu le jour.

Table des matières

Cet ouvrage a été imprimé
par CPI Firmin-Didot
Mesnil-sur-l'Estrée
pour le compte des Editions Fayard
en mai 2012

Imprimé en France

Dépôt légal : mai 2012
N° d'édition : 36-57-3029-0/01 – N° d'impression : 111387